북아메리카
남아메리카

유럽
아시아
아프리카
오세아니아

교과서 속 세계 문화 탐험 7

세계로 뻗어 가는 한류의 나라

한국

교과서 속 세계 문화 탐험 ❼
세계로 뻗어 가는 한류의 나라 한국

1판 1쇄 발행 2025년 7월 4일

글쓴이 김경희
그린이 윤남선

편집 김민애
디자인 박영정

펴낸이 이경민
펴낸곳 ㈜동아엠앤비
출판등록 2014년 3월 28일(제25100-2014-000025호)
주소 (03972) 서울특별시 마포구 월드컵북로22길 21, 2층
홈페이지 www.moongchibooks.com
전화 (편집) 02-392-6901 (마케팅) 02-392-6900
팩스 02-392-6902
전자우편 damnb0401@naver.com
SNS

ISBN 979-11-6363-851-3 74810
979-11-6363-524-6 (세트)

1. 책 가격은 뒤표지에 있습니다.
2. 잘못된 책은 구입한 곳에서 바꿔 드립니다.

도서출판 뭉치는 ㈜동아엠앤비의 어린이 출판 브랜드로, 아이들의 지식을 단단하게 만들어주고, 아이들의 창의력과 사고력을 키워주어 우리 자녀들이 융합형 창의 사고뭉치로 성장할 수 있도록 좋은 책을 만들겠습니다.

교과서 속 세계 문화 탐험 7

세계로 뻗어 가는 한류의 나라

한국

뭉치
MoongChi Books

작가의 말

쌍둥이 남매 '사고, 뭉치'와 함께 우리나라로 스릴 넘치는 문화 탐험 여행을 떠나 보세요!

여러분은 우리나라에 대해서 얼마나 많이 알고 있나요? 역사에 관심 많은 친구들은 일찍부터 공부를 해서 아는 게 많을 거예요. 현장으로 탐방을 나가 직접 체험을 하는 것보다 텔레비전이나 온라인 채널을 통해 눈으로 익힌 내용이 더 많은 것 같습니다. 어떤 식으로든 우리나라 역사에 대해서 공부하는 것은 칭찬할 만한 일이지만, 그래도 이왕이면 책 한 권 읽고, 직접 역사의 현장에 발을 내딛어 보는 걸 추천합니다.

한국은 아시아 대륙의 동북 연해안 중심부에서 동남쪽으로 뻗은 한반도를 중심으로, 우리 민족이 고조선 이래 세워 온 나라 이름이에요. 지형적으로는 남북한을 모두 아우르는 말이지만, 정치적인 상황 때문에 북한은 '조선 민주주의 인민 공화국', 남한은 '대한민국'이 현재 공식 국

호랍니다. 지금은 남북한 대치 상황이지만, 언젠가 통일이 되면 북한의 아름다운 자연을 자유롭게 즐길 수 있을 거예요.

우리나라의 수도 서울은 현대와 과거가 어우러진 복합 도시이기에 외국에서 많은 관광객이 찾는 곳이에요. 경복궁은 외국 관광객의 필수 코스이지요. 그리고 우리나라의 역사를 공부하고 싶은 관광객은 경주와 부여, 공주 등을 꼭 찾아요. 자연경관을 만끽하며 걷기 위해 제주도를 찾는 이들도 많습니다. 1986년 아시안 게임, 1988년 서울올림픽, 2002년 한일 월드컵, 2018년 평창 동계 올림픽 등 세계인의 체육 축제를 열 만큼 한국은 그 위상도 높답니다.

이 책은 쌍둥이 남매인 사고와 뭉치가 우연히 폐가에서 구미호를 만나면서 벌어지는 스릴 넘치는 모험담입니다. 사고와 뭉치는 고고학자 유리 누나와 함께 이무기 꽝철이가 세상을 지배하려는 계획을 막으려고 노력하지요. 우리나라를 대표하는 상상 속 동물과 모험을 하며 자연스럽게 우리나라의 찬란한 문화와 역사를 배웁니다.

자, 그럼 사고뭉치 남매와 함께 우리나라로 문화 탐험 여행을 떠나볼까요?

세계 역사와 문화에 꿈을 담는 이야기꾼
김경희

차례

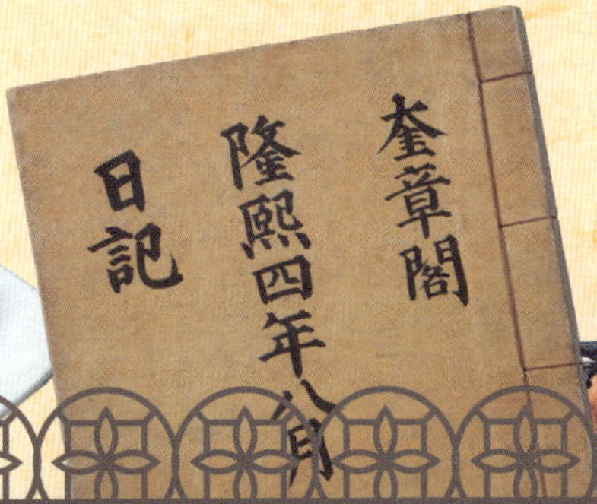

奎章閣
隆熙四年
日記

등장 인물

뭉치

쌍둥이 남매 중 오빠. 귀신과 요괴를 볼 수 있는 특별한 능력 때문에 예기치 않은 일에 휩쓸린다. 즉흥적으로 판단하고 행동부터 하는 급한 성격 때문에 사고가 끊이지 않는다. 게임을 좋아하고, 공부는 싫어하지만 눈치가 빨라 의외로 문제를 손쉽게 해결할 때가 많다.

사고

쌍둥이 남매 중 여동생. 무조건 의심부터 하는 아이. 책 읽기를 좋아해서 아는 것은 많지만 정작 필요할 때 써먹지 못한다. 쌍둥이 오빠와 같이 다니면 '사고뭉치' 콤비가 되어 버려 난감할 때가 많다.

최유리

귀신을 물리치는 퇴마 능력을 갖고 있다. 사고, 뭉치와 함께 우리나라 방방곡곡을 다니며 문제를 해결한다.

꽝철이

용이 되지 못한 원망으로 세상의 요괴와 귀신들을 깨워 나쁜 짓을 하려는 이무기. 구미호를 배신하고 자신이 세상을 지배하려는 야심을 갖지만 계획에 차질이 생긴다.

해태

시비와 선악을 판단한다고 알려진 상상의 동물이다. 사자와 비슷하나 머리에 뿔이 있다고 한다. 사고, 뭉치가 구미호와의 대결에서 이길 수 있도록 도움을 준다.

난 겁쟁이가 아냐!

우르릉 쾅쾅
선생님, 무서운 이야기 해 주세요!
이건 선생님이 실제로 겪었던 일인데…….
귀신이 피를 질질 흘리면서 아이들을 잡아먹으려고 다가왔어.

우리는 착한 아이는
안 잡아먹어.
깜짝
싸늘
우리? 오늘
내 뒷자리는
비어 있는데?
구, 구미호!
캥
내가 보여?
설마
나도 보여?
덜컹
으아악!
처녀 귀신이다!
으악! 난 네가
더 무섭다!
꺄악
또야
아악
내 얘기가
그렇게 무서웠나?

1장

폐가의 비밀

구미호를 만나다

그날 저녁, 나는 사고와 함께 손전등을 들고 폐가로 향했어. 폐가는 우리 마을의 산속에 있는 무당집이야. 아주 오래전부터 무당들이 살던 집인데, 몇 년 전 마지막 세습 무당이 죽은 뒤 귀신 나오는 집이라는 소문이 나서 아무도 살지 않아 폐가가 되었어.

우리는 약속 시간보다 30분이나 일찍 폐가에 도착했어.

대문 앞에서 친구들을 기다리는데 사고가 넌지시 말했어.

"오빠, 이참에 오빠를 겁쟁이라고 놀리던 애들 놀려 줄까? 집 안에 몰래 숨어 있다가 친구들이 오면 귀신처럼 짜잔 하고 나타나는 거지. 어때?"

귀가 솔깃했어. 친구들이 놀라는 모습을 상상만 해도 즐거웠지.

사고와 나는 폐가 안으로 들어갔어. 어둠 속에서 뭔가 툭 튀어나올 것 같은 기분이 들었지만 우리는 성큼성큼 앞으로 걸어 나갔어.

"여기 호랑이 그림이 있는데 꼭 우리나라 지도 같아!"

사고가 벽에 있는 그림을 가리키며 말했어.

“호랑이 등줄기를 타고 이어지는 검은 줄이 꼭 백두대간 같지 않아?”

사고의 말대로 호랑이 그림이 우리나라 지도처럼 보였어.

우리나라의 이름난 산들은 동쪽으로 치우쳐서 위아래로 이어져 있어요.
북쪽 백두산에서 남쪽 지리산까지 이어지는 산줄기를 백두대간이라고 하지요.

"여기가 서울, 여기는 부산. 광주는 이쯤이겠지?"

사고가 호랑이 그림 이곳저곳을 손가락으로 꾹꾹 눌렀어. 그랬더니 벽이 회전문처럼 돌아가더니 작은 동굴이 나타나지 뭐야!

"맙소사! 비밀 공간이야!"

사고가 소리치며 안으로 뛰어 들어갔어. 나도 살금살금 뒤따라갔지.

저만치 나무 상자 하나가 보였어. 그 안에 뭐가 있는지 궁금했지만 나는 열어 볼 생각조차 하지 못했어. 그런데 호기심 많은 사고가 벌컥 상자를 열어 보니, 그 안에 금은보화가 가득 들어 있었어.

"우아, 예쁘다!"

사고가 반지 하나를 꺼내 자기 손에 끼었어.

"야! 함부로 그런 거 만지면 안 돼!"

내가 참견했지만 이미 일은 벌어지고 말았지.

"으흐흐흐!"

기분 나쁜 웃음소리와 함께 등 뒤가 서늘해지는 기분이 들었어. 뒤돌아보니 하얀 털의 여우가 우리를 쳐다보며 서 있었어.

"구, 구미호다!"

나는 그대로 바닥에 주저앉고 말았어. 하마터면 오줌을 지릴 뻔했어. 구미호는 제자리에서 빙그르르 돌자 아름다운 여인으로 변했지.

"오호라! 너희들이 내 봉인을 풀어 줬구나! 고맙다!"

그때였어. 갑자기 화살 하나가 구미호를 향해 '슝' 하고 날아오는 게 아니겠어? 순간 구미호의 눈빛이 날카롭게 변했어.

"애들아, 또 보자!"

구미호는 우리에게 인사를 한 뒤 순식간에 사라져 버렸어.

여우구슬 반지

"얘들아! 괜찮니?"

사냥꾼 복장을 한 누나가 우리에게 뛰어왔어.

"네, 괜찮아요! 그런데 누나는 누구세요?"

"나는 퇴마사란다. 귀신 쫓는 일을 하는 사람이야."

자기소개를 하던 퇴마사 누나의 눈이 점점 커졌어.

"너, 그 반지 어디서 났니?"

퇴마사 누나가 사고의 손가락에 낀 반지를 노려보며 캐물었어.

"폐가 안 상자에서 발견했어요. 예뻐서 한번 껴 봤는데 다시 돌려놓을게요."

주눅이 든 사고가 얼른 대답했어.

"이미 늦었어. 여우구슬로 만든 반지라서 한번 끼면 절대 빠지지 않을 거야."

사고가 재빨리 반지를 빼려고 했지만 소용없었어. 사고는 거의 울 것

같은 표정을 지었어.

"때가 되면 빠질 거야. 사실 그 반지는 요괴를 봉인하기도 하고 깨우기도 하는 마법 반지란다."

"이 반지가 요괴와 관련 있는 반지라고요? 말도 안 돼요."

우리가 믿지 못하자, 퇴마사 누나가 작은 수첩을 꺼내 우리에게 보여줬어. 수첩 속에는 사고가 낀 반지랑 똑같이 생긴 반지가 그려져 있었지.

퇴마사 누나의 말에 의하면, 여우구슬 반지를 만든 사람이 바로 누나의 5대조 할아버지래. 그 할아버지는 여덟 살에 강원도 깊은 산속에서 스스로 염력(초능력의 하나. 정신을 집중함으로써 물체에 손을 대지 않고 그 물체의 위

한국의 요괴 이야기

구미호에게는 여우구슬이 있다?

용이 여의주를 가지고 있듯이 구미호에게도 여우구슬이 있어요. 이 구슬 안에 인간의 정기를 가득 채워야 완전한 인간이 될 수 있다고 해요. 여우구슬의 크기는 알사탕 정도이고 색깔은 청색을 띠고 있는데, 이 구슬로 도술을 부릴 수 있다고 해요.

치를 옮기는 힘)을 깨우친 뒤 전국을 떠돌아다니며 요괴를 잡아 봉인하는 일을 하셨대. 그리고 돌아가시기 얼마 전에 이 반지를 깊은 산속에 숨겨 두셨다고 해. 몇 백 년의 세월이 흐른 뒤, 우연히 5대조 할아버지의

요괴 수첩을 발견한 누나는 강원도의 깊은 산을 돌아다니며 여우구슬 반지를 찾아다닌다는 거야.

"밤이 늦었어. 너희는 집에 가는 게 좋겠다. 12시가 되면 이곳에 온갖 귀신들이 몰려올 거야."

퇴마사 누나가 우리를 집까지 바래다 주겠다고 했어.

호기심 많은 사고가 퇴마사 누나에게 말을 걸었어.

"언니, 산이 강원도에만 있는 게 아닌데 언니는 왜 강원도로 다니는 거예요?"

"할아버지의 수첩에 높고 깊은 산속에 여우구슬 반지를 감춰 놓았다고 적혀 있었기 때문이야. 우리나라의 지형을 보면 높은 산은 주로 동

한국의 자연 이야기

우리나라의 지형

우리나라는 산들이 북쪽으로는 넓게, 동쪽으로는 길게 펼쳐져 있고, 서쪽에는 평야가 모여 있어요. 그래서 동쪽은 높고 서쪽은 대체로 낮고 평평해요. 이런 지형을 '동고서저(東高西低)'라고 해요. 또한 삼면이 바다로 열려 있어 다양한 해안 지형이 발달하였고, 큰 하천은 주로 땅이 높은 동쪽에서 낮은 서쪽으로 흘러요. 이러한 지형의 특징 때문에 서쪽 평야에는 강물이 싣고 온 영양가 있는 흙이 쌓여, 농사 짓기 좋은 기름진 논밭이 많은 것이랍니다.

쪽인 강원도에 많잖아."

"그렇지만 우리나라에서 가장 높은 산은 한라산이고 두 번째로 높은 산은 지리산이잖아요."

사고가 끼어들었어.

"그렇지! 하지만 나는 할아버지가 강원도 산속에서 도술을 익혔기 때문에 강원도에 반지를 감췄다고 생각했어. 이런 작은 동네 뒷산에 숨겨 뒀을 줄 누가 알았겠어."

이런저런 이야기를 하는 사이에 어느새 아파트 정문에 도착했어.

"참, 깜박할 뻔했구나! 그 반지를 알아보는 사람이 있으면 너희가 위험해질 수도 있어. 그러니까 이 부적을 붙여서 사람들 눈에 반지가 보이지 않게 하자꾸나."

퇴마사 누나가 말하며 반지에 부적을 척 붙이고 주문을 외웠어.

"제 눈에는 아직도 반지가 보이는데요?"

"나도 보여요!"

나와 사고의 말에 퇴마사 누나가 깔깔 웃었어.

"우리 셋 눈에만 보이는 거야. 나를 믿어!"

퇴마사 누나는 이 말만 남기고는 서둘러 산속으로 올라가 버렸어.

"말도 안 돼! 저 언니, 사기꾼 아냐? 아무리 봐도 수상해!"

사고가 입을 삐죽이며 중얼거렸어.

때마침 아래층에 사는 채은이를 엘리베이터 안에서 만났어. 사고가 난데없이 손을 쭉 펴면서 물었어.

"채은아, 이 반지 정말 예쁘지?"

"너 지금 나 놀리는 거니? 반지가 어디 있다고 그래?"

채은이가 어이없는 표정을 지으며 인상을 썼어. 나는 둘 사이에 끼어 들기 싫어서 얼른 고개를 돌려 버렸지.

잠시 후, 채은이가 내린 뒤 사고가 어깨를 으쓱해 보이며 중얼거렸어.

"정말 다른 사람 눈에는 이 반지가 보이지 않나 봐!"

그날 이후, 폐가에서의 일은 차츰 잊혀 갔어. 하지만 상상도 못 할 이상한 일이 우리를 기다리고 있었지.

한국 한눈에 알아보기

우리나라 기후의 특징

우리나라는 4계절이 뚜렷한 온대성 기후로, 계절에 따라 독특한 특성을 보여요. 여름에는 북태평양 고기압의 영향으로 무덥고, 겨울에는 시베리아 고기압의 영향으로 매우 춥지요. 이런 특징을 만드는 것은 무엇일까요? 우리나라는 아시아 대륙의 동안에 위치해 있는데요. 쿠로시오 난류에서 유입되는 다습한 공기와 티베트 고원에서 발생하는 고기압이 여름철 기후에 영향을 미쳐요. 최근에는 기후 온난화 영향으로 점차 봄, 가을이 짧아지는 열대성 기후가 나타나고 있어요.

또 국토가 매우 적은데 비해 기후 차이가 심한 것도 특징이에요. 제주와 중강진은 여름에는 약 3℃ 차이를 보이지만, 겨울에는 약 26℃ 차이가 나타나요. 동해안과 서해안도 기온이나 강수에서 심한 차이를 보이기도 하고요.

한반도의 특별한 섬

독도와 울릉도

울릉도와 독도는 한반도 동쪽 끝에 있는 섬이에요. 울릉도는 화산 활동으로 생긴 섬으로, 성인봉 원시림, 나리분지, 행남해안 산책로, 관음도 등의 경관이 뛰어나요. 울릉도 주변 바다는 일 년 내내 난류가 흘러 따뜻하며 습기가 많은 기후를 나타내지요.

독도는 울릉도에서 배를 타고 동쪽으로 1시간 30분쯤 더 가야 하는데요, 우리나라 가장 동쪽 끝에 있는 섬이에요. 독도는 각종 철새들이 날아와 쉬었다 가는 새들의 천국이랍니다.

제주도

제주도는 한반도 서남단에서 남쪽으로 약 90km 떨어져 있는 화산섬이에요. 화산 지형이 원형 그대로 잘 보존돼 지구 과학적 가치가 매우 크답니다. 경관이 뛰어난 명소 9곳(한라산, 성산 일출봉, 만장굴, 서귀포층, 산방산과 용머리 해안, 수월봉, 중문 대포해안 주상 절리대, 천지연 폭포)은 유네스코 세계 지질 공원으로 인증받은 관광지예요.

2장

창경궁에서 생긴 일

아이들을 공격하는 황충 떼

7월의 어느 날, 우리 반은 창경궁으로 체험 학습을 갔어.

창경궁은 조선 시대 성종 임금님 때 세워진 궁궐이야. 당시 궁궐에는 성종의 할머니인 정희 왕후와 어머니인 소혜 왕후, 그리고 예종의 계비

한국의 문화유산 이야기

사연 많은 창경궁

태종이 세종에게 임금의 자리를 물려주고 상왕으로 물러났을 때, 창덕궁 옆인 이곳에 별궁을 지어 거처로 삼았고, 이름을 수강궁(壽康宮)이라 했어요. 이것이 창경궁의 시작이었지요. 홍화문, 명정전(조선 왕조의 정전 중에서 가장 오래된 건물), 통명전, 양화당, 춘당지 등이 있으며 구름다리를 통하여 종묘와 드나들 수 있게 되어 있답니다. 창경궁에는 아픈 사연이 여럿 있는데요. 임진왜란 때 전소된 적이 있고, 이괄의 난이나 병자호란 때에도 화를 입었어요. 숙종 때의 인현 왕후와 장희빈, 영조 때 뒤주에 갇혀 죽임을 당한 사도 세자의 이야기 등이 창경궁 뜰에 묻혀 있지요.

(임금이 다시 장가를 가서 맞은 아내)인 안순 왕후가 있었는데, 성종이 세 왕후를 위해 창경궁을 지은 거래.

친구들과 창경궁을 한 바퀴 돈 직후였어.

"사고야! 저기 지붕 위에 귀신이!"

내가 지붕 위를 가리키자, 귀신은 우리가 자기를 알아봤다는 사실에 놀랐는지 주변을 두리번거리다가 휘리릭 달아나 버렸어.

"오빠, 여기서 장희빈이 죽었다잖아. 오빠가 본 게 장희빈 귀신이 아닐까? 아니지! 옛날에는 궁궐에서 궁녀들도 많이 죽었다던데 다른 귀신일지도 몰라."

사고가 장난기 어린 목소리로 내게 가만히 속삭였어.

장희빈과 사도 세자, 궁녀들 귀신이라니! 안 그래도 겁이 많은 나는 오금이 저릴 지경이었어.

나는 슬금슬금 뒷걸음질을 쳤어. 도저히 궁궐 안에 있을 수가 없었거든.

때마침 점심시간이 되었고, 우리는 잔디밭에 삼삼오오 모여 앉아 점심을 먹기 시작했어. 도시락 뚜껑을 열고 막 김밥을 먹으려는데 갑자기 하늘이 새까매졌어. 무심코 하늘을 올려다보던 나는 기함(갑작스레 몹시 놀라거나 아프거나 하여 소리를 지르면서 넋을 잃음)을 하고 말았어.

글쎄, 엄청난 수의 메뚜기 떼가 달려들지 뭐야? 메뚜기 떼는 아이들 도시락을 순식간에 먹어 치웠어. 그뿐 아니라 메뚜기 떼가 아이들을 공격하기 시작했지 뭐야.

"으아아악!"

"엄마아아!"

아이들은 공포심에 벌벌 떨며 사방으로 달아났어. 다행인 건지 이상한 건지 메뚜기 떼는 나와 사고를 공격하지 않았어.

나중에 안 사실인데, 사고가 여우구슬 반지를 끼고 있었던 덕분에 메뚜기 떼가 우리 가까이 오지 않았던 거였어.

아무튼 메뚜기 떼는 계속해서 아이들에게 달려들었고, 메뚜기 떼가 공격한 아이들은 가루가 되어 사라져 버렸어. 그러다 갑자기 메뚜기 떼가 채은이에게 달려들었어. 채은이는 순식간에 가루가 되어 사라져 버렸지.

메뚜기 떼가 또 다른 아이에게 달려들 때였어. 어디선가 해태 조각상이 나타나 메뚜기 떼들에게 불을 내뿜었지. 순간, 초록색 섬광이 번쩍하며 메뚜기 떼들이 모두 사라져 버렸어.

"하마터면 황충한테 모두 당할 뻔했구나."

해태 조각상이 무심하게 말을 걸었어. 조각상이 말을 하다니! 나는

너무 놀라서 멍하니 해태 조각상을 바라보았어.

해태는 사자와 닮은 상상의 동물로, 불이 나거나 나쁜 일이 일어나는 것을 막기 위해 궁궐 앞에 세운 조각상이야.

그런데 지금 우리 앞에 있는 해태는 움직이는 데다 말까지 하고 있었어.

"황충이 뭐예요?"

"메뚜기랑 비슷하게 생긴 요괴란다."

"제 친구들은 어디로 갔나요?"

"그건 나도 몰라."

"제 친구를 찾을 방법이 없나요?"

사고의 질문에 해태 조각상이 난처한 듯 고개를 갸웃거렸어.

그때 머리에 긴 뿔이 달린 진짜 해태가 우리에게 다가왔어. 해태 조각상이랑 모습은 비슷했지만, 표범처럼 알록달록한 무늬가 있는 해태였지.

그때 사고가 끼고 있는 반지가 햇빛을 받아 반짝였어. 그걸 본 뿔 달린 해태의 눈이 점점 커졌어.

“이, 이건! 천년 묵은 여우구슬인데 어디서 났니?”

해태가 반지를 보며 물었어.

“그게, 얼마 전에 폐가에서……. 말하자면 길어요.”

사고가 여기까지 말하자, 뿔 달린 해태는 잠시 눈을 감았다 뜨더니 사고를 노려보았어.

“혹시 너희들이 구미호를 깨운 거냐? 어떤 아이가 구미호의 여우구슬을 갖고 있다는 소문을 들었어. 지금 구미호는 세상을 돌아다니며 온갖 요괴들을 깨우고 있단다. 황충 떼가 나타난 것도 바로 구미호 때문이지.”

우리는 고개를 푹 숙였어. 어쩐지 큰 죄를 지은 것 같았거든.

쉭쉭, 해태 조각상이 화가 난 듯 콧구멍을 벌렁거렸어.

“이게 모두 너희들 때문이었어? 너희들 때문에 벌어진 일이니 스스로 해결해!”

해태 조각상이 버럭 소리를 질렀어. 나는 어떤 대답을 해야 할지 몰라 멀뚱멀뚱 먼 산만 쳐다보았지.

그때 사고가 해태에게 여우구슬 반지를 낀 손을 보이며 조심스럽게 물었어.

"혹시 이 반지로 다시 구미호를 봉인시킬 수 있나요? 그때 만난 퇴마사가 가능하다고 그랬거든요. 제가 구미호를 다시 원래 자리로 돌려놓을게요."

"쉽지 않을 거야. 구미호는 지하 세계에 있는 요괴들의 비밀 통로로만 다니거든. 하지만 사람은 들어갈 수 없어."

뿔 달린 해태의 말이 끝나기가 무섭게 해태 조각상이 끼어들었어.

"지하 세계에 들어갈 수 있는 방법이 있어. 암호를 풀면 되거든."

"그건 위험해! 암호를 풀지 못하면 지하 세계에 영원히 갇힐 수도 있단 말이야."

"암호를 풀지 못하면 5분 안에 도망 나오면 돼! 지하 세계의 문은 한 번 열리면 5분 동안 열려 있잖아!"

"아, 그런 방법이 있었구나!"

뿔 달린 해태의 눈이 반짝였어.

"할 수 있겠니?"

해태가 사고에게 물었어.

"네! 방법을 알려 주세요. 제가 벌인 일이니 제가 꼭 수습하겠어요."

사고가 떨리는 목소리로 대답했어.

두 마리의 해태는 한참 동안 뚫어질 정도로 사고를 쳐다보았어.

"그래! 그 방법이 지금의 혼란을 잠재울 가장 좋은 방법 같구나! 한 번 해 보자!"

뿔 달린 해태는 곧이어 주문을 외웠어. 그러자 땅바닥에 구멍이 생기며 계단이 나타났어.

"이 문은 한동안 열려 있을 거야. 만약 암호를 풀지 못하면 이 모래시계의 모래가 다 떨어지기 전에 다시 돌아와야 한다. 늦으면 넌 영영 지하 세계에 갇힐 수도 있어. 명심해!"

뿔 달린 해태가 사고에게 모래시계를 주며 말했어.

모래시계를 받아 든 사고가 내 손을 덥석 잡았어.

"오빠, 혹시 내가 돌아오지 못하면 부모님께 잘 얘기해 줘!"

사고가 진지한 표정으로 내게 말했어. 순간, 울컥한 나는 사고를 혼자 보내고 싶지 않았어.

"나도 같이 가! 우린 쌍둥이잖아!"

"안 돼! 만약 오빠까지 잘못되면 어떻게 해? 나는 이 반지가 보호해 줄 거야."

"백지장도 맞들면 낫다고 하잖아. 같이 갈게."

그렇게 우리의 스릴 넘치는 모험이 또다시 시작되었지.

한국 한눈에 알아보기

우리나라를 대표하는 궁궐, 경복궁

경복궁은 백악산(북악산)을 주산으로 넓은 지형에 건물을 배치하였고 정문인 광화문 앞으로 넓은 육조(고려 · 조선 시대에, 국가의 행정에 관계되는 사무를 나누어 맡아보던 여섯 관청.) 거리가 펼쳐진 한양의 중심이었어요. '경복'의 이름에는 '새 왕조가 큰 복을 누려 번영할 것'이라는 의미가 담겨 있으며, 이곳에서 세종 대에 훈민정음이 창제되어 반포되기도 하였답니다.

1910년 경술국치 후 경복궁은 계획적으로 훼손되기 시작하여 대부분의 전각들이 철거되었고, 1926년에는 조선 총독부 청사를 지어 경복궁의 경관을 훼손한 아픔도 겪었지요. 1990년대부터 본격적으로 경복궁 복원 공사가 진행되었고, 흥례문 일원, 침전 권역, 건청궁과 태원전, 그리고 광화문 등이 복원되었답니다. 현재 외국의 많은 관광객들이 찾는 필수 관광 코스이기도 해요.

대한 제국의 황궁이었던 덕수궁

덕수궁은 원래 조선 제9대 성종의 형인 월산 대군의 사저였고, 그 후에도 월산 대군의 후손이 살던 곳이었어요. 1592년(선조 25) 임진왜란으로 도성의 궁들이 모두 소실되자 1593년(선조 26)부터 임시 궁궐로 사용하여 정릉동 행궁이라 불렸지요. 이후 1611년(광해군 3) 경운궁(慶運宮)으로 이름이 정해지면서 정식 궁궐이 되었다가, 창덕궁이 중건되면서 다시 별궁으로 남게 되었답니다.

그러다가 1897년(광무 1) 고종이 대한 제국을 선포하고 황제의 자리에 오르자 대한 제국의 황궁으로 사용하였어요. 일제 강점기 이후에는 덕수궁의 규모가 대폭 축소되어 대부분의 건물들이 철거되었고, 동시에 공원화가 진행되어 궁궐로서의 면모를 잃게 되었어요.

현재 서양 건축물 형태의 석조전은 국립 현대 미술관 덕수궁관으로 사용되고 있고, 덕수궁 정문에서 정기적으로 수문장 교대식으로 열려 국내외 많은 관광객들이 찾는답니다.

3장

요괴들의 비밀 통로

비밀의 문을 열어라!

나와 사고는 함께 지하 계단으로 내려갔어. 계단을 끝까지 내려가자 선한 인상의 괴물이 출입문을 지니고 있었지.

"꼬마들이 여긴 무슨 일이지? 여긴 요괴들만 다니는 비밀 터널이야! 암호를 풀지 못하면 들어갈 수 없단다. 요괴들의 눈에 띄기 전에 어서 너희들 세상으로 돌아가거라."

괴물이 우리를 번갈아 보며 말했어.

"우리도 암호를 풀 기회를 주세요. 시간이 얼마 없다고요."

사고가 모래시계를 들고 말했지.

"좋아! 퀴즈를 풀면 이 출입문을 열어 주마! 어린 남자가 여자 집에 가서 일정 기간 생활한 후 결혼하는 고구려의 결혼 풍습이 뭐지?"

괴물의 질문이 끝나자마자 사고가 대답했어.

"데릴사위제예요!"

"딩동댕! 맞았구나! 약속대로 문을 열어 주마."

곧 철문이 열리며 괴물은 흔적도 없이 사라져 버렸어.

“무슨 미션이 이렇게 시시해?”

나는 눈을 동그랗게 뜨고 고개를 갸웃거렸어.

“오빠, 어서 뛰어! 길이 사라지고 있어.”

사고가 갑자기 터널 안으로 뛰어가기 시작했어. 우리가 지나온 징검다리들이 하나둘 사라지고 있었기 때문이었지.

이럴 수가 있나? 나는 믿을 수가 없었어. 하지만 지금은 여길 벗어나야 했어. 그래서 나와 사고는 앞만 보고 뛰었어.

잠시 후, 막다른 길에 바위벽이 보이자 우리는 그것을 힘껏 밀었어. 그러자 널따란 동굴 입구가 나타났어.

"어서 오너라!"

이번엔 뿔 달린 괴물이 우리 앞에 모습을 드러냈어. 괴물은 우리를 보자마자 퀴즈를 냈지.

"여기까지 잘도 왔군. 좋아, 두 번째 퀴즈를 내지. 고려는 왜 고려 대장경을 만들었을까? 1분 안에 답을 하지 못하면 이 문은 사라질 거다. 알아서 해."

"뭐라도 말해 봐!"

내가 사고에게 재촉을 했지.

"불교를 믿기 위해서요."

"땡!"

"몽골군의 기를 죽이기 위해서요!"

"땡!"

사고가 계속 뭔가를 말했지만 틀렸어.

정답을 맞히지 못하고 시간이 지날수록 점점 동굴과 동굴 문이 서서히 사라지기 시작했어. 문이 사라지면 우리는 영원히 비밀의 터널 안에 갇히고 말 거야.

나도 가만 있을 수는 없었어. 그래서 답을 알아내기 위해 머리를 쥐어짰어. 문득 떠오르는 답이 있었어. 나는 자신 있게 말했지.

"부처님의 힘으로 몽골과 싸워 이기려고 고려 대장경을 만들었어요!"

내가 소리치자 괴물이 멈칫했어. 그러더니 곧 '딩동댕' 소리와 함께 동굴 문이 활짝 열렸어.

한국의 문화유산 이야기

유네스코 세계 기록 유산 고려 대장경

해인사에 있는 팔만대장경은 고려 때 불경을 집대성한 것으로, 정식 명칭은 고려 대장경이에요. 하지만 경판 수가 8만여 판에 달해서 흔히들 팔만대장경이라고 부르고 있지요.

지금도 거의 완벽한 목판본으로 남아 있는 고려 대장경은 현존하는 목판 대장경 중 가장 오래된 것이에요. 불교 문화사에서 찬연히 빛나는 고려 문화의 정수인 고려 대장경은 그 우수성이 전 세계에 알려지면서, 유네스코 세계 기록 유산으로 지정되었답니다.

귀신들의 장난

동굴 안으로 들어갔을 때였어. 툭 하는 소리와 함께 내 앞에 작은 새가 떨어졌어. 작은 새는 바르르 떨며 힘들어했어. 내가 데려가자고 하자 사고가 말렸어.

“안 돼! 그럼 이 새는 엄마와 헤어지게 되잖아. 동물들에게 잡아먹히지 않게 안전한 곳으로 옮겨 주자.”

사고의 말에 나는 얼른 손수건을 꺼내 새를 감쌌어. 그런 다음 평평한 바위 위에 조심스럽게 새를 올려놓았어.

그때 하늘에서 목소리가 들렸어.

“고맙다, 내 아기를 구해 줘서! 이 은혜를 잊지 않으마!”

깜짝 놀란 내가 하늘을 올려다보았지만 아무것도 보이지 않았지.

앗, 그런데 새를 감쌌던 손수건에 삼족오 그림이 나타나지 뭐야? 분명 아무런 그림 없는 깨끗한 손수건이었는데 말이야. 어리둥절했지만 나는 다시 손수건을 주머니에 넣고 길을 떠났어.

이제는 눈앞에 초원이 펼쳐졌어. 안개가 자욱이 끼어 마치 우리가 구름 위에 둥실둥실 올라와 있는 것 같은 착각이 들었지.

얼마나 걸었을까? 쿵덕쿵 쿵덕쿵, 신나게 방아를 찧는 소리가 들려왔어.

잠시 후 안개가 걷히면서 초가가 보였어. 그곳에서는 한복을 입은 여인들이 떡을 만들고 있었지.

맛있는 떡 냄새가 내 코를 간지럽혔어. 순간, 나와 사고의 배 속에서 동시에 꼬르륵거리는 소리가 들렸어.

"와, 맛있겠다!"

내가 떡집으로 달려가자, 사고가 내 손을 잡았어.

한국의 요괴 이야기

태양을 상징하는 삼족오

삼족오는 우리나라를 비롯한 고대 동아시아 지역에서 태양의 신으로 숭배를 받던 새예요. 생김새를 보면 까마귀를 닮은 검정색 몸에 발이 세 개 달렸어요. 삼족오의 세 발은 천(하늘), 지(땅), 인(사람)을 의미해요. 그래서 하늘 세계를 상징하며, 새로 태양 속에 산다고 전해져 내려오는 전설 속의 새랍니다.

"오빠, 정신 차려! 여긴 요괴 터널 안이라고! 우린 이곳을 서둘러 지나가야 해."

사고의 말에 정신을 차린 나는 떡집을 뒤로하고 계속 길을 걸었어.

떡집이 있는 마을을 빠져나오자마자 신나는 음악 소리가 들려왔어. 사람들이 농악 놀이를 하고 있었지.

흥겨운 가락에 정신없이 빠져서 보고 있는데, 어디선가 우리를 부르는 소리가 들렸어.

"사고뭉치야! 시간이 없어!"

그 소리에 정신이 번쩍 든 우리는 농악대를 빠져나왔어.

이제 우리 눈앞에는 개울이 나타났어. 내가 개울을 먼저 건너려고 징검다리에 막 발을 내딛는 순간, 갑자기 부글부글 뭔가 끓는 소리와 함께 개울물이 빨갛게 변하지 뭐야? 마치 용암이 끓는 것 같았어.

"왜 그래, 오빠!"

"개울물이 아니고 용암이야!"

내 말에 사고가 앞으로 나와 개울물을 살폈어.

"오빠, 이건 귀신들의 장난이야! 우리를 속여 이곳을 빠져나가지 못하게 하려고 헛것이 보이게 만든 거라고!"

"말도 안 돼!"

"다시 봐 봐!"

나는 실눈을 뜨고 개울물을 쳐다봤어. 사고의 말대로 개울물은 그냥 맑게 졸졸 흐르고 있었지.

이렇게 나와 사고가 무사히 개울을 건너자, 바위문이 나타났어. 그리고 세 번째 괴물이 우리 앞을 막았지.

“자, 세상 밖으로 나가는 문으로 온 걸 환영한다. 마지막 관문을 통과하면 너희는 무사히 요괴 터널을 통과하게 되는 거다. 단, 너희는 두 명이기 때문에 각자 문제를 풀어야 해.”

몬스터의 말에 나와 사고는 바짝 긴장했어.

“오늘날의 대통령 비서실과 같은 조선 시대의 관청에서는 나라에서 일어난 일을 매일 기록하여 매달 책으로 만들어 왕에게 올렸어. 이것은 무엇일까?”

괴물이 사고를 보며 물었어.

“답은 승정원일기입니다!”

사고가 단번에 답을 맞혔어.

“좋아! 마지막 문제다! 조선 태종 때 억울한 일을 당한 백성들의 사정을 듣고 그 문제를 해결해 주기 위해 궁궐 밖에 걸어 놓은 북의 이름은?”

괴물이 내게 물었어.

분명 답을 아는데 단어가 입안에서만 뱅뱅 돌 뿐 답이 얼른 생각나지 않지 뭐야?

"30초 주겠다!"

괴물이 재촉했어.

그때 옆에서 지켜보던 사고가 답답했는지 불쑥 혼잣말로 중얼거렸어.

"아침에 아빠 신문 가져다드리는 걸 깜박했네."

사고의 말에 답이 퍼뜩 떠올랐지.

"답은 신문고입니다!"

그렇게 마지막 문제의 답을 내가 맞혔어.

우리는 곧장 요괴들이 다니는 비밀 터널을 빠져나왔어.

한국의 문화유산 이야기

승정원일기

조선 시대에 승정원에서 취급한 문서와 사건을 기록한 일기예요. 조선 전기부터 있었으나 임진왜란과 병자호란 때 다 소실되고, 오늘날 전하는 것은 인조 원년(1623)부터 고종 31년(1894)까지 272년간 기록뿐이에요. 우리나라의 국보이고, 2001년에 유네스코 세계 기록 유산으로 지정되었답니다.

다시 만난 구미호

그런데 이건 또 무슨 일? 터널을 빠져나오자마자, 어디선가 세찬 바람이 불어오더니 나를 공중으로 날려 버렸어. 쿵, 날아가던 내 몸에 뭔가 부딪혔는데 그건 바로 창덕궁에서 봤던 여자 귀신이었지 뭐야?

나는 그대로 정신을 잃었던 것 같아.

얼마 후, 정신을 차려 보니 구미호가 해태 두 마리와 싸움을 하고 있었어.

구미호가 하늘로 날아오르더니 빙글빙글 몇 차례 허공을 돌았어. 그러고는 입을 쩍 벌리더니 불을 확 내뿜었지. 해태들은 구미호가 낸 불을 꿀꺽 삼켰고.

나는 내 눈앞에서 벌어지는 일들이 차마 믿기기가 않았지.

“얘들아, 그 반지를 햇볕에 비추면 빛이 나올 거야. 그 빛을 구미호에게 향하게 해 봐!”

해태의 말에 사고가 반지를 낀 손을 공중으로 쭉 내밀었어. 그러자 신기한 일이 일어났어.

햇빛을 받은 반지에서 무지갯빛이 쏟아져 나오더니 구미호의 몸을 빙글빙글 감싸기 시작했어.

"우우, 우우우!"

구미호가 고통스러운 소리를 내기 시작했어. 신음 소리가 점점 커질수록 귀가 먹먹해지더니 머릿속이 빙글빙글 돌더라고. 나는 또다시 정신을 잃고 말았지.

정신이 들었을 때 나는 경복궁의 처마 밑에 누워 있었어. 사고가 한심스럽다는 듯이 나를 쳐다보았지.

"이 와중에 코까지 골면서 자는 사람은 오빠밖에 없을 거야."

그때 짧은 머리의 누나가 우리에게 다가왔어.

"정신이 들었니?"

누나가 나와 사고에게 음료수를 건넸어. 그런데 누나의 얼굴이 낯익었어. 알고 보니 폐가에서 만났던 퇴마사 누나였어.

"이게 어떻게 된 거야?"

내가 사고에게 가만히 물었어.

한국의 문화유산 이야기

경복궁의 보물들

경복궁은 5대 궁궐 가운데 으뜸의 규모와 건축미를 자랑하는 궁궐이에요. 경복궁에는 조선 시대의 대표적인 건축물인 경회루와 향원정의 연못이 원형대로 남아 있으며, 근정전의 월대와 조각상들은 당시의 조각 미술을 대표하지요. 경복궁 안에는 많은 문화재가 있는데요. 근정전, 경회루, 자경전, 십장생 굴뚝, 아미산 굴뚝, 근정문 및 행각, 풍기대 등이 보물 또는 국보로 지정되어 있어요.

"나도 기절해서 몰라. 정신을 차렸을 때 퇴마사 언니가 우리를 돌보고 있었어."

"친구들은 어떻게 됐어? 돌아왔어? 구미호는 잡았어?"

"한 가지씩 질문해 줄래? 친구들은 돌아왔고 구미호는 달아났대."

사고가 대답했어.

"정말 다행이다!"

나와 사고는 안도의 한숨을 쉬었어.

새로 온 과외 선생님

일주일 후, 우리는 다시 누나를 만났어. 바로 우리 집에서 말이야.

방학식이 끝나고 집에 들어왔는데, 엄마가 누나와 함께 있었어.

"얘들아, 인사해! 오늘부터 너희들한테 영어를 가르쳐 줄 선생님이야. 대학에서 고고학과를 졸업하고 미국에서 인류학 박사 공부를 하셨어. 마침 서울에 있을 곳이 마땅치 않아 우리 집에 함께 살면서 너희 공부를 봐 주기로 하셨다."

엄마가 자리를 비운 틈에 우리가 누나에게 물었어.

"어떻게 된 거예요?"

"너희들만 두기엔 마음이 안 놓인 참이었는데, 마침 너희 엄마가 과외 선생님을 알아본다고 하기에 지원했어."

"누나, 정말 고고학 전공한 거 맞아요?"

사실, 사고의 꿈은 고고학자야. 초등학교 1학년 때 '공룡 체험전'에서 공룡을 발굴하는 프로그램을 체험한 뒤부터 생긴 꿈이지.

"언니, 우리 친하게 지내요!"

사고가 누나의 손을 덥석 잡았어.

그날 이후 우리는 누나와 하루 종일 붙어 지냈어. 방학이라 가능한 일이었지.

무더위가 기승을 부리던 어느 날이었어.

만화 영화를 보기 위해 텔레비전을 켰는데, 마침 뉴스가 시작되고 있었어.

경주의 한 시골 마을에서 닭의 간만 사라지는 이상한 절도 사건이 잇따르고 있습니다. 경찰은 사건 발생 직전 짐승이 울부짖는 소리를 들었다는 주민 진술을 토대로 수사를 하고 있지만 아직까지 실체조차 파악하지 못하고 있어 많은 주민들이 불안해하고 있습니다.

"경주라면 불국사와 석굴암이 있는 도시인데! 불국사와 석굴암이 우리나라에서 가장 먼저 세계 유산으로 등재된 건축물이라고 하더라. 나도 언젠가 보러 가겠지?"

사고가 중얼거리듯 말하다가 갑자기 벌떡 일어나며 소리쳤어.

"설마 구미호 짓은 아니겠지?"

사고의 말에 방에 있던 누나가 뛰어나와 텔레비전 뉴스를 지켜보았어. 누나는 화면에서 눈을 뗄 줄을 몰랐지.

"당장 경주로 가 봐야겠다."

한국의 문화유산 이야기

불국사와 석굴암

불국사는 신라 시대에 만들어진 절로 토함산 기슭에 세워졌어요. 신라 사람들은 신라를 '부처님 나라'로 만들기 위해 불국사를 만들었지요. 그리고 석굴암은 토함산 깊숙한 곳에 만들어진 절로, 석굴 안에는 자비로운 미소를 띤 부처님이 모셔져 있답니다.

"언니, 저도 데려가 주세요. 체험 학습 가는 거라고 하면 엄마도 허락해 줄지 몰라요."

"뭉치 너도 같이 가고 싶니?"

"네!"

내가 고개를 끄덕이자, 잠시 생각을 하던 누나가 입을 열었어.

그날 저녁, 우리는 아주 쉽게 엄마의 허락을 받았어. 고고학자가 역사 공부를 시켜 준다는데 반대할 리가 없었지.

다음 날 아침 일찍, 우리는 KTX를 타고 경주로 향했어.

"누나, 이제 우리 어디로 가는 거예요?"

"뉴스에 나온 동네가 불국사 근처에 있다고 하니까 일단 불국사로 가자! 그런데 너희들 경주에 가 본 적 있니?"

자리에 앉자마자, 누나가 물었어.

"아니요! 한 번도 없어요. 엄마랑 아빠가 너무 바빠서 경기도 아래쪽은 가 본 적이 없어요."

"그렇구나! 그럼 서울에 대해서는 잘 알고 있겠네?"

"네! 서울은 우리나라의 수도이자, 정치와 경제의 중심지잖아요."

"오! 제법 잘 아는구나! 서울은 정치와 경제의 중심지일 뿐 아니라

역사의 중심지야. 조선 시대에는 '한양'으로 불리다가 일제 강점기에는 '경성부'로 불렸고, 1945년 광복 후에 '서울'로 바뀌었지."

"그렇구나! 그럼 경주는 어떤 도시예요?"

"너희들! 신라가 어떤 나라인지는 알고 있지?"

"네! 신라는 기원전 57년, 박혁거세가 세운 나라잖아요."

"맞았어! 신라는 말이야……."

누나가 이야기를 시작했고, 우리는 금세 신라의 역사에 빠져들었지.

"신라는 진흥왕 때 한강 주변 지역을 차지하면서 삼국 통일의 기반을 다졌어. 그리고 마침내 7세기 후반에, 문무왕이 백제와 고구려를 멸망시키고 삼국 통일을 이루었지. 신라는 문화가 발달한 나라로 알고 있지? 정치, 경제, 문화가 굉장히 발달한 것도 바로 통일 신라 시대였어."

"삼국을 통일하다니 신라는 정말 대단한 나라 같아요!"

"하지만 통일 신라도 영원하지는 않았어. 왕족과 귀족 간의 다툼으로 나라가 혼란에 빠지면서 결국 935년 경순왕 때 멸망하고 말았거든."

한국의 문화유산 이야기

신라의 도시, 경주

기원전 57년 신라의 건국부터 935년 신라 멸망까지 992년 동안 신라의 수도였던 경주. 서라벌, 금성 등으로 불리다가 935년 고려 태조 때 지금의 지명인 '경주'로 바뀌었답니다. 이후 동경, 계림부로 이름이 바뀌었다가 조선 시대 때 다시 경주라는 이름을 되찾았어요. 사찰, 유적, 석탑 등 많은 신라 시대 문화재와 경주 양동마을 등 조선 시대 양반 마을이 보존되어 있지요. 불국사, 석굴암, 남산, 월성, 대릉원, 황룡사, 산성 등 5곳의 경주 역사 유적 지구와 경주 양동마을이 유네스코 세계 유산으로 지정되었어요.

문화재와 박물관이 많아 역사 관광지였다가 지금은 식당, 카페, 기념품 상점들이 즐비한 황리단길이 관광객의 관심을 크게 끌고 있답니다.

"그럼 신라는 992년 만에 멸망하고 만 거였네요."

사고가 아는 척을 했어.

그때 나는 문득 궁금한 점이 생겼어. 역사 만화에서 봤는데, 삼국 시대의 나라들은 수도를 자주 옮겼던 거 같았거든.

"누나! 신라는 992년 동안 수도를 한 번도 안 옮겼나요?"

"저도 궁금해요! 백제와 고구려는 수도를 여러 번 옮겼다고 알고 있거든요."

사고의 말에 누나가 설명을 시작했어.

"경주는 992년간 신라의 수도였어."

"우아, 그래서 경주 전체가 세계적인 문화유산이라고들 하는구나!"

이 밖에도 누나는 신라의 역사에 대해 이것저것 알려 주었어.

우리가 한참 재미있게 역사 이야기를 하고 있을 때, 우리 곁으로 나이 든 스님 한 분이 지나가셨어. 한 손에 표를 든 스님은 눈이 안 좋은지 실눈을 뜨고 자리 좌석 표를 확인하고 다니시는 거 같았지.

"가만있자, 11호차 9D가 여기 어디쯤인데!"

스님이 내 곁을 지나가며 중얼거렸어. 내가 벌떡 자리에서 일어나 스님을 불렀지.

"스님, 여기가 9D예요. 여기 앉으세요!"

"하하하, 고맙다!"

스님이 환하게 웃으며 자리에 앉았어.

잠시 후 기차가 터널을 들어가는 순간! 보랏빛 섬광이 번쩍하더니 나와 사고, 퇴마사 누나를 제외한 기차 안 사람들이 모두 사라져 버렸어.

"누나! 사람들이 모두 사라졌어요!"

"여긴 시간의 터널 안이야!"

"네?"

"시간의 터널 안을 지날 때는 조심해야 해! 절대 사람들 일에 관여하거나 끼어들어서는 안 돼!"

시간의 터널이라니! 우린 지금 어디로 가고 있는 걸까?

삼국 시대 한눈에 알아보기

B.C. 57
박혁거세가 신라를 세웠어요.

B.C. 37
주몽이 자신의 추종자들과 함께 압록강 근처의 졸본에 고구려를 세웠어요.

B.C. 18
온조가 백제를 세웠어요.

A.D. 246
한반도의 북쪽에 위치한 고구려가 중국 위나라의 침입을 받았어요.

A.D. 293
고구려가 선비족의 침입을 막았어요.

A.D. 427
고구려 장수왕이 수도를 평양으로 옮겼어요.

A.D. 475
고구려가 백제의 수도인 한성을 무너뜨렸어요.

A.D. 483
고구려가 부여를 멸망시켰어요.

A.D. 13

고구려가
부여의 침입을
막았어요.

A.D. 42

김수로왕이
금관가야를
세웠어요.

A.D. 313

고구려가
낙랑군을
멸망시켰어요.

A.D. 371

백제의 근초고왕이
고구려의 평양성을
공격했어요.

A.D. 400

고구려 광개토 대왕이
신라에 침입한
왜나라를 물리쳤어요.

A.D. 512

신라가
우산국(울릉도)을
정복했어요.

A.D. 532

신라가
금관가야를
멸망시켰어요.

A.D. 538

백제의 성왕이
수도를 사비(부여)로
옮기고 나라 이름도
남부여로 바꾸었어요.

박혁거세를 만나다

터널을 빠져나오자, 여섯 명의 노인들이 모여
회의를 하는 모습이 보였어.
여기는 어딜까?
영화 세트장?
일단 지켜보자.
나정에 이상한 기운이 감돌고 있답니다!
당장 가 봅시다!
나정이 뭐예요?
신라의 우물이야!

우물가에서 무릎을 꿇고 있는 하얀 말이 보였어.
슝
촌장님들, 잘 부탁해요!
저게 뭐지?
말이 날아간다!
이건 알이잖아!
신라 시조의 탄생 이야기였군!
신라의 시조라면 박혁거세 아닌가요?
시조라면 제일 처음 조상을 말하는 거죠?
그래, 맞아.

사로국은 여섯 촌장이 여섯 마을을 각각 다스리고 있어.
그게 가능한 일인가요?
저기 좀 봐! 알에 금이 가고 있어!
촌장님, 아이의 몸에서 광채가 납니다!
하늘이 우리에게 왕을 내려보내신 듯하오!
저 아이가 박혁거세로군!
책에서만 보던 걸 직접 보니, 너무 신기해.
이걸 건국 신화라고 하는 거야!

사람들은 알에서 나온 아이를 목욕시켰어.
여섯 촌장은 하늘에 감사를 드렸지.
아이의 성씨는 뭐라고 할까요?
아이가 박처럼 큰 알에서 나왔으므로,
성을 박 씨라고 하는 게 어떻겠소?
아하! 그래서 박 씨였군!
이름도 지읍시다!
이름은 '세상을 밝게 비추어 준다'라는 뜻에서 혁거세로 하는 게 어떻소?
박혁거세! 아주 좋은 이름이오!

내가 아이를 데려가
잘 기르겠소!
소벌공, 우리의 왕이 될
인물이니 잘 키워 주세요!
앗, 그런데 이건 또 무슨 일이지?
오색찬란한 깃털을 가진 계룡(닭용)이 나타나더니
왼쪽 겨드랑이 사이로 여자아이를 낳고 사라졌어.
그런데 저 아이
입 좀 보세요!
닭 부리를 달고
태어났어!
곧 부리가
떨어지고 예쁜
여자아이가
될 거야!
진짜 부리가 떨어졌어!
저 여자아이가
박혁거세의 신부인
알영이죠?

그래! 경주에 있는
알영이라는 우물가에서
태어났다고 해서
지어진 이름이지.
알영은
박혁거세와 결혼하여
신라 최초의 왕비가
되었어.

정말 흥미로운
이야기지?
하늘이 신라의
왕과 왕비를 동시에
내려 주신 거네요.

박혁거세와 알영이 13세가 되자
여섯 촌장은 사로국이라는 나라를
세우고 왕과 왕비로 모셨어.
만세~
만세~

신라를 세운 게 아니었나요?
사로국이 신라야! 훗날 나라의 이름을 신라로 바꾸었거든.
사고는 역사 공부를 많이 했구나!
헤헤
박혁거세는 나라를 잘 다스렸나요?
물론이지! 백성들이 편안하게 잘살았대.
박혁거세는 61년 동안 나라를 다스렸어.
『삼국유사』 기록에 의하면, 왕이 된 지 61년째 되던 해의 어느 날, 박혁거세는 하늘로 올라갔대.

일주일 후, 박혁거세의 몸이
땅에 떨어져 흩어지자,
사람들이 장사를 지내려 했대.
그런데 큰 뱀이 나타나
방해를 했지.
으으, 정말 싫어!
결국 사람들은 다섯 개의
능을 만들고, 오릉이라고 불렀대.
지금도 가면 볼 수 있어.
어느새 우리가 탄 기차는 터널을 빠져나가기 시작했어.
빠아앙
시간의 터널을
무사히 빠져나왔네.
이번엔
아무 일도
없었다고!

4장

요괴 사냥꾼이 된 쌍둥이

수상한 요괴 사냥

시간의 터널을 빠져나오자마자, 기차 안은 처음 탈 때와 마찬가지로 사람들로 북적였어. 마치 아무 일도 일어나지 않은 것처럼 말이야.

잠시 후, 신경주역에 도착한다는 방송이 흘러나왔어.

역에 도착하자마자, 우리는 밖으로 나왔어.

택시 정거장으로 가고 있을 때였어. 갑자기 하늘에 검은 구름이 몰려오더니 맑은 하늘이 껌껌해지면서 빗방울이 떨어지기 시작하지 뭐야.

우리는 서둘러 택시를 타고 불국사로 향했어.

대웅전 앞을 지나는데, 땅바닥에 화살표 스티커가 보였어. 그런데 마치 우리더러 따라오라는 듯 화살표가 어디론가 움직이기 시작하더라.

나와 사고는 홀린 듯 화살표를 따라갔어.

화살표를 따라 우리가 도착한 곳에는 '요괴 마을'이라는 안내 표지판이 세워져 있었어.

"요괴 마을? 으, 소름 끼쳐!"

“하여간 겁 많은 건 알아줘야 해! 난 들어가 볼래!”

사고가 말릴 새도 없이 마을 안으로 쑥 들어갔어.

나는 후다닥 사고 뒤를 따라갔어. 그러다 뭔가를 밟고 그 자리에 발라당 넘어지고 말았어.

"조심 좀 해! 고작 녹두를 밟고 넘어지냐?"

사고가 나를 보며 소리쳤어.

엉덩이가 아팠지만, 창피한 마음에 벌떡 일어났지. 나는 화가 나서 땅바닥에 널브러진 녹두를 한 줌 주어 저 멀리 던져 버렸어.

바로 그 순간, 녹두가 군사로 변하지 뭐야? 아기 장수 설화에 나오는 녹두 군사였어. 녹두 군사들은 순식간에 나와 사고를 포위했어.

가장 덩치 큰 녹두 군사가 앞으로 나섰어.

"내가 내는 퀴즈를 풀면 너희를 놓아 주마! 여자애부터 먼저 해 볼까? 최초로 삼국을 통일한 나라 이름은?"

녹두 군사가 다짜고짜 사고에게 질문을 던졌어.

"신라!"

사고가 정답을 말하자, 녹두 군사는 당황스러움을 감추지 못했어.

"음, 꽤 똑똑한걸! 다음은 너!"

녹두 군사가 입맛을 다시며 나를 가리켰어.

"신라는 이가 많은 사람이 왕이 되었다. 유리왕과 석탈해 중 이가 많은 사람은 누구일까?"

"유리왕!"

나 역시 멋지게 정답을 맞혔지.

녹두 군사들은 우리가 나갈 수 있게 길을 만들어 주었고, 나와 사고는 재빨리 그곳을 빠져나왔어.

"오빠, 어떻게 맞힌 거야?"

"찍었어! 이가 많은 사람이 왕이 된다고 했잖아. 신라의 왕 중 내가 아는 왕은 유리왕뿐이었으니까."

"정말이야? 아무튼 다행이다. 나라면 못 맞혔을 텐데."

사고가 나를 향해 엄지를 척 올려 보였어.

"사고야, 우리 어서 빠져나가자! 여긴 진짜 요괴 마을인가 봐! 운 좋게 녹두 군사를 피했지만 우리와 결투하자고 나서는 요괴가 있으면 우리는 끝장이야!"

앗, 그런데 나가는 문이 보이지 않는 거야. 바로 좀 전에 지나온 곳인데 높은 담벼락이 둘러싸고 있었지. 우리가 넘지 못할 정도로 높은 담이었어.

"다른 출구를 찾아보자!"

나와 사고는 요괴 마을을 돌아다녔어.

"으아악!"

그때 어디선가 비명이 들려왔어.

사고는 눈을 반짝이며 비명이 들린 곳으로 냅다 뛰어갔어. 나는 재빨리 사고를 따라갔지.

사고가 걸음을 멈춘 곳은 작은 연못가였어.

"여기에서 소리가 들렸는데."

"와, 여기 으스스한데! 귀신 나올 거 같아!"

그때였어. 외마디 비명과 함께 연못 안에서 길쭉한 것이 솟구쳐 나왔어. 징그럽게 생긴 이무기지 뭐야!

"엄마야!"

나도 모르게 뒷걸음질을 치던 순간, 사고가 낀 반지에서 파닥 하는 소리와 함께 빛이 나오더니 그대로 이무기를 빨아들였어.

그러더니 부적 한 장이 툭 떨어졌어.

"오빠도 봤지? 내 반지가 요괴를 빨아들이는……."

사고가 말을 하다 말고 입을 딱 벌렸어.

“왜 그래?”

“저, 저기!”

나는 얼른 사고가 바라보는 곳을 보았어. 인자한 표정의 스님이 서 있지 뭐야? 스님은 마치 축지법을 쓰는 것처럼 단숨에 쓱 우리 앞으로 다가왔어.

"연못에 이무기를 가둬 두려고 사용한 부적이란다. 이 부적을 잘 간직하렴. 요긴하게 쓸 일이 있을 거야."

스님이 부적 한 장을 내 손에 쥐여 주었어.

"꼬마 요괴 사냥꾼들, 행운을 빈다!"

스님은 이 말을 남긴 채 어디론가 사라지고 말았어. 그러고는 거짓말처럼 담벼락이 사라지기 시작했어.

우리는 부리나케 그곳을 빠져나와 유리 누나가 있는 종무소로 향했지. 때마침 유리 누나가 우리를 발견하고 손을 흔들었어.

"불국사 구경은 잘했니? 얘들아, 어서 부여로 가자!"

대웅전 앞에서 유리 누나가 마뜩잖은 얼굴로 말했어.

"부여라면 혹시 백제의 수도였던 사비를 말하는 건가요?"

"그래!"

"그런데 갑자기 부여는 왜요?"

"구미호가 부여로 갔대."

"그럼 빨리 가요!"

우리는 곧장 부여로 향했어.

부여에서 다시 만난 구미호

부여역에 내리자 우리 앞에 택시 한 대가 다가와 멈췄어.

"최유리! 여기야. 어서 타!"

택시 안에서 한 남자가 누나의 이름을 불렀어.

"얘들아, 어서 타자!"

누나의 말에 나와 사고는 뒷좌석에 앉았어.

"동민 선배! 왜 택시를 가지고 나왔어요?"

"택시가 사람들의 시선을 끌지 않을 거 같아서."

동민이라는 이름의 아저씨가 짧게 대답했어.

택시는 도심을 벗어나 시골길을 달리기 시작했어. 그리고 얼마 후 다 쓰러져 가는 허름한 시골집 앞에 멈췄지.

"우리가 구미호를 유인해서 밖으로 나올 테니까 너희들은 저 나무 뒤에 숨어 있어!"

동민 아저씨의 말에 누나가 사고를 바라보았어.

"사고야, 우리가 부적으로 구미호를 제압하면 네 반지에서 빛이 날 거야. 그때 구미호를 향해 빛을 비추렴. 그럼 구미호가 봉인될 거야."

누나의 말에 사고가 긴장한 표정으로 침을 꼴깍 삼켰어.

누나가 시골집 안으로 들어간 뒤 나와 사고는 나무 뒤에 숨어서 바깥 상황을 지켜보았어.

한낮의 태양이 머리 위로 쨍 하고 떠올랐어. 그러자 사고의 반지에서 무지갯빛이 마치 아지랑이처럼 피어올랐지.

"뭉치야, 이것 좀 봐!"

사고가 반지에서 눈을 떼지 않은 채 작은 소리로 말했어.

"우와."

나와 사고는 침을 꼴깍 삼키며 반지를 지켜보았어. 반지에서 나온 무지갯빛은 화살처럼 뾰족하게 변했다가 다시 제자리에서 빙글빙글 돌았어.

우당탕 퉁탕! 갑자기 요란한 소리와 함께 누나가 문밖으로 튕겨 나왔어. 누나는 땅바닥에 내동댕이쳐진 채 신음 소리를 냈어.

다음 순간, 동민 아저씨도 밖으로 튀어나왔지. 두 사람이 밖으로 내동댕이쳐진 바로 그 순간, 구미호가 모습을 드러냈어.

"지금이야! 사고야!"

누나가 부적을 구미호에게 뿌리며 소리쳤어.

사고는 손을 덜덜 떨면서 반지를 높이 쳐들었어. 그러자 반지의 빛이 갑자기 구미호에게 달려들더니 소용돌이처럼 구미호를 감쌌어.

"으으으으!"

구미호의 비명이 들렸어. 그와 동시에 퍼런 불빛이 사방으로 튀었어. 불빛은 이내 반지에서 나오는 무지갯빛을 뒤덮었지.

"으아악! 아, 아파!"

사고가 비명을 지르며 뒤로 주저앉아 버렸어. 나는 사고를 향해 몸을 날렸어.

"사고야, 괜찮아?"

"으응."

사고가 온몸을 부르르 떨고는 눈물을 억지로 참으며 대답했어.

다음 순간, 구미호가 누나에게 달려들었어. 나는 신발을 벗어 구미호에게 던졌지.

"퍽!"

내 신발이 구미호의 얼굴을 정통으로 맞추었나 봐! 구미호의 코에서 코피가 줄줄 흐르지 뭐야?

"으악, 코피! 어떤 놈이야!"

구미호가 이렇게 소리치더니 갑자기 고개를 젖히고 사악한 표정을 지은 채 나를 째려보았어.

"가만두지 않을 거야! 너도 코피 좀 나 봐라!"

구미호가 무서운 얼굴로 내게 기다란 손톱을 드러내며 위협을 했어.

"잠깐! 이걸 받아라!"

사고가 용감하게 나섰어. 사고의 반지에서 푸른 빛이 연기처럼 피어오르더니 삽시간에 구미호의 몸을 감쌌어.

구미호가 고통스러운 듯 비명을 질렀지. 하지만 빛은 눈이 부시게 빛나는가 싶더니 밧줄처럼 구미호의 몸을 꽉 조이기 시작했어.

"반지의 빛이 밧줄처럼 변했어."

놀란 나는 눈이 휘둥그레져서 그 모습을 쳐다보았어.

"으아아아, 살려 줘! 해를 가리란 말이야!"

구미호가 애원하는 목소리로 중얼거렸어. 그러자 갑자기 하늘에 검은 구름이 가득해지면서 땅바닥에서 진동이 느껴졌어.

"으으!"

구미호의 신음소리가 점점 줄어들더니 빛도 사라져 버리고 말았어. 그리고 검은 구름은 곧 해를 완전히 가려 버렸지.

"뭐 해? 사고야!"

내가 재촉하자, 사고가 비틀거리는 구미호를 쳐다보았어.

"얍!"

사고가 반지를 구미호를 향해 높이 쳐들었지만, 이번에는 어쩐 일인지 반지에서 아무 일도 일어나지 않았어.

"반지에서 빛이 나지 않아!"

"왜 이러지? 누나, 누나!"

내가 애타게 누나를 불렀어.

그때 거짓말처럼 요괴 마을에서 획득한 부적이 생각났어.

나는 구미호에게 부적을 던

졌지. 간발의 차이로 부적을 피한 구미호는 고통스러운 표정으로 우리를 잠시 노려보더니 가볍게 담장을 넘어 산으로 달아났어.

"구미호가 도망가고 있어요!"

우리가 소리치자, 동민 아저씨가 벌떡 일어났어.

"내, 내가 갈게."

동민 아저씨는 구미호의 뒤를 쫓아갔지.

"얘들아, 괜찮니?"

누나가 달려오더니 나와 사고의 어깨를 포근하게 안아 주었어.

때마침 누나의 휴대 전화가 요란하게 울렸어. 누나는 누군가와 통화를 하더니 놀란 표정으로 전화를 끊었어.

"얘들아, 구미호를 봉인했대!"

누나가 환한 얼굴로 우리를 번갈아 보았어.

그 소리를 들은 사고가 잽싸게 반지를 만지작거렸어. 그러고는 큰 소리로 외쳤지.

"오빠, 반지가 빠졌어!"

신기한 일이었어. 별짓을 해도 빠지지 않던 반지가 쑥 빠진 거야.

사고는 누나에게 반지를 건넸어. 누나는 흡족한 표정으로 반지를 받아 들었지.

사고의 손가락에서 반지가 빠진 것은 참으로 다행한 일이었지만, 처음부터 사고가 그 반지를 끼지 않았다면 얼마나 좋았을까. 사고의 호기심 때문에 이런 모험을 하게 된 것 같아 조금은 짜증이 났어.

하지만 뭐 어쩌겠어. 사실 그 반지를 내가 먼저 발견했다면, 나도 호기심에 껴 봤을지도 몰라.

어쨌든 절대 안 빠질 것 같은 반지가 쑥 빠졌으니, 이제 우리의 미스터리한 모험도 슬슬 해결되어 가는 걸까?

한국 한눈에 알아보기

백제의 도읍지 공주와 부여

백제는 처음에 한강 남쪽의 위례성에 도읍을 정하였다가, 뒤에 공주로 옮겼어요. 공주에는 옛날의 궁궐터로 짐작이 되는 공산성과 무령왕릉을 비롯한 여러 임금의 무덤이 있는데요. 특히 무령왕릉은 무늬 벽돌을 쌓아 만든 화려한 무덤으로서, 무덤 안이 장사 지냈을 때의 모습 거의 그대로 보존되어 있어 백제의 높은 문화 수준을 잘 보여 준답니다.

백제는 도읍을 공주에서 부여로 다시 옮겼어요. 금강 중류에 자리 잡은 부여는 교통이 편리할 뿐 아니라, 주변에 넓은 평야가 펼쳐져 있어 산물이 풍부하고 국방상으로도 좋은 조건을 갖추고 있었기 때문이지요. 현재 이곳에는 궁궐터와 여러 절터가 남아 있어요. 특히, 정림사지 5층 석탑은 백제 탑의 아름다움을 잘 보여 줍니다.

정림사지는 부여의 중심부에 위치하고 있으며, 주변에는 동쪽으로 금성산, 북쪽으로 부소산에 둘러싸여 있어요. 정확한 창건 연대는 알 수 없지만, 탑의 양식으로 보아 미륵사지 석탑보다는 다소 늦게 건립된 것으로 추정하고 있다고 해요.

5장

전통문화 축제장에서!

이상한 동물과의 만남

잠시 후, 동민 아저씨가 나타났어.

"구미호를 잡았으니 이제 서울 갈 거지? 언제 갈 거니?"

아저씨가 누나에게 물었어.

"내일 가려고요. 여기까지 왔는데 오늘은 애들한테 지역 축제나 보여 주려고요."

"마침 잘됐네. 우리 마을에서 전통문화 축제가 열리고 있거든."

"좋아요!"

우리는 축제 부스가 있는 쪽으로 걸어갔어.

"덩덕쿵, 쿵덕 쿵덕!"

우리는 떡메 치기를 하는 곳으로 달려갔어. 수백 년은 된 것 같은 크고 넓적한 돌 위에 고슬고슬한 찰밥을 올려놓은 뒤, 방망이를 든 아저씨들이 마구 쳐 댔지.

"하나요!"

"얼씨구, 둘이요!"

아저씨들은 마치 판소리의 소리꾼들이 하는 것처럼 장단 맞춰 추임새를 넣어 가며 떡메 치기를 했어.

"너도 해 보련?"

아저씨가 내게 불쑥 방망이를 내밀었어. 얼떨결에 방망이를 받아 든 나는 떡을 쳤지.

어느덧 고슬고슬한 밥알이 다 으깨져 떡이 되었어. 그러자 아줌마들이 달려들어 쫀득해진 떡 위에 고소한 콩가루를 묻혔지.

"둘이 먹다 하나가 죽어도 모를 인절미요!"

떡메 치는 아저씨들이 구경꾼들에게 인절미를 나눠 주었어.

나도 얼른 인절미 하나를 받아 먹어 보았어. 고소하고 쫀득쫀득한 것이 정말 맛있었어. 엄마가 떡집에서 사다 주신 인절미보다 훨씬 맛있는 것 같았지.

그다음 우리는 판소리 공연을 하는 곳으로 갔어. 하지만 판소리는 아직 준비 중이었지. 할 수 없이 나와 사고는 누나가 사 준 소시지를 들고 주변을 어슬렁거리며 돌아다녔어.

"멍멍!"

귀엽게 생긴 강아지 한 마리가 나를 쳐다보며 꼬리를 흔들었어.

"우와, 귀엽다!"

사고가 강아지의 머리를 쓰다듬어 주었어. 나는 강아지에게 소시지를 나눠 주었지. 강아지가 고맙다는 듯 내 주위를 빙빙 돌며 꼬리를 흔들었어.

때마침 근처에서 남사당놀이가 시작되자, 나와 사고는 남사당놀이를 구경하러 갔어.

나와 사고가 정신없이 남사당놀이에 빠져 있을 때, 강아지 한 마리가

한국의 문화유산 이야기

남사당놀이

남사당놀이는 남자들로 구성된 남사당패가 전국 각지를 돌며 공연하던 놀이예요. 조선 후기부터 1920년대까지 행해졌는데, 양반이나 승려들의 잘못된 행동을 비꼬는 내용을 공연하여 양반들에게 천대를 받으며 살던 서민들의 한을 풀어 주었어요.

남사당패는 꼭두쇠라는 우두머리와 곰뱅이쇠 · 뜬쇠 · 가열 · 삐리 · 저승패 · 등짐꾼 등 40~50명의 남자들로 이루어져 있어요. 이들은 주로 사람들이 많이 모이는 곳에서 춤과 노래, 가면극과 탈춤, 그리고 외줄타기와 버니 돌리기(사발 돌리기) 같은 묘기를 하며 공연을 했어요.

내 바짓부리에 매달리며 낑낑거렸어. 좀 전에 소시지를 나눠 줬던 그 강아지였어.

강아지는 공연장 근처 부스로 나를 안내했어. 그런데 웬일인지 강아지는 부스 안으로 들어갈 생각을 하지 않은 채 낑낑거리기만 했어.

"왜 그러지?"

나는 가만히 부스 안을 들여다보았지. 새끼 호랑이와 원숭이, 곰 등 여러 종류의 동물들이 우리에 들어 있었어.

"우와, 여긴 동물들이 서커스를 하는 곳인가 보네!"

그런데 곰 같기도 하고 코끼리 같기도 한 기이하게 생긴 동물이 내 눈에 띄었어. 나는 너무 놀라 눈을 비빈 뒤 다시 한번 쳐다보았어. 동물의 크기는 강아지만 했는데 신기하게도 쇠로 만든 창살을 마구 뜯어먹고 있지 뭐야.

"쇠를 먹고 있는 거야? 말도 안 돼! 소시지로 만든 철창인가?"

나는 고개를 갸웃거리며 철창으로 다가갔어. 철창을 만져 보니 차가

운 감촉이 느껴졌지.

"너도 한번 먹어 볼래?"

동물이 내게 말을 걸었어. 괴물은 바드득바드득 소리까지 내며 쇠를 씹어 먹었지.

"나더러 쇠를 먹으라고?"

이상하게 생긴 동물이 킥킥거리며 웃었어.

그때 언제 왔는지 동민 아저씨가 내 입을 틀어막고 나를 밖으로 끌고 나갔어.

"쉿! 여긴 애들이 있을 곳이 아니야!"

"왜요?"

"여긴 무서운 동물들이 있어!"

"설마, 코끼리처럼 긴 코를 가진 그 이상하게 생긴 동물이 위험한 동물인 건 아니죠?"

"어? 그런 게 있었나? 나는 못 봤는데!"

동민 아저씨가 시치미를 뗐지만, 나는 똑똑히 보았어.

"탈춤 공연이 시작됐어. 어서 가 보자!"

동민 아저씨가 내 손을 잡아끌었어.

고철 도둑, 불가사리

그날 저녁 우리는 저녁을 먹기 위해 시내에 있는 큰 식당에 들렀어.

그런데 가게 안이 마치 도둑이라도 든 것처럼 어수선했어.

종업원의 안내에 따라 우리는 자리에 앉았어. 종업원이 주문을 받아 간 뒤, 사고는 수저와 젓가락이 들어 있는 서랍을 열어 보고는 주방을 향해 소리쳤어.

"여기 수저 좀 주세요."

"식탁 옆 서랍에 있을 거예요."

종업원이 대답했어.

"없는데요!"

종업원이 다가와 자리마다 서랍을 모두 열어 보았어. 그런데 수저가 모두 감쪽같이 사라졌지 뭐야.

종업원이 주방을 향해 소리쳤어.

"사장님, 홀 서랍에서 수저를 치우셨어요?"

종업원의 말에 주인아주머니가 주방에서 나왔어. 주인아주머니는 식탁 옆 서랍을 또다시 일일이 열어 보았어.

"맙소사! 수저까지 모조리 훔쳐 갔네. 그깟 쇠붙이가 얼마나 한다고 쇠로 만든 무쇠며 프라이팬이며 수저까지 훔쳐 가냐?"

주인아주머니가 어이없다는 듯 머리를 긁적였어.

"고깃집은 불판을 싹 다 훔쳐 갔대요. 요즘 고철값이 그렇게 비싸요?"

종업원이 갸웃거리며 중얼거렸어.

"손님, 오늘은 영업 못할 거 같네요. 죄송합니다. 다른 집으로 가 주셔야 할 것 같네요. 도둑이 조리 도구며 숟가락, 젓가락, 컵까지 모조리 훔쳐 가 버렸지 뭡니까? 음식을 만들고 싶어도 조리 기구가 없고, 숟가락과 젓가락이 없는데 손님한테 손으로 음식을 먹으라고 할 수도 없잖아요."

그렇게 우리는 식당에서 나올 수밖에 없었어.

그때였어. 경찰차가 요란한 사이렌 소리를 내며 식당 골목으로 들어섰어. 사이렌 소리에 식당 안에서 사람들이 하나둘 밖으로 나왔어.

"여기예요, 경찰 양반!"

"경찰 양반! 여기 좀 와 보슈!"

사람들이 서로 자기네 가게로 경찰들을 불러들였지.

나는 사람들 사이를 비집고 들어가 보았어.

"귀신이 곡할 노릇이죠! 금고 안에 있는 돈은 하나도 안 가져갔어요. 비싼 고기도 그대로 두고, 고기 굽는 불판만 싹 가져가 버렸다니까요!"

사람들의 말에 누나의 얼굴이 점점 창백해졌어.

"설마! 불가사리가 나타났나?"

누나가 중얼거렸어.

"불가사리가 뭐예요?"

나는 누나에게 물었어. 누나는 무슨 생각을 하는지 내가 하는 말도

건성으로 듣는 것 같았어. 사고가 누나 대신 대꾸했어.

"불가사리도 모르니? 만화에서 봤잖아! 쇠를 먹고 자라는 동물."

순간 내 머릿속에 낮의 일이 떠올랐지.

"설마 아까 그 동물이 진짜 불가사리는 아니겠지?"

"뭉치야! 그게 무슨 소리야?"

한국의
정령과 요괴 이야기

불가사리가 쇠붙이를 먹어 치운다고?

불가사리는 철이나 구리 같은 쇠붙이를 먹고 산다고 알려진 상상 속 요괴예요. 불가사리의 눈은 코뿔소를 닮았고, 코는 코끼를 닮았으며, 몸은 곰을, 발은 호랑이를 닮았지요. 세상에 막 나온 작은 불가사리는 바늘을 주로 먹다가 점점 자라면서 못, 숟가락, 밥그릇 등 쇠붙이를 닥치는 대로 먹어 치우는데, 쇠붙이를 먹고 쑥쑥 자라 덩치가 코끼리만큼 커진답니다.

불가사리가 귀신을 물리친다고?

불가사리는 다른 요괴들과 달리 귀신을 물리치는 능력이 있다고 해요. 그래서 악귀를 쫓기 위해 불가사리를 그려 놓기도 하지요. 하지만 이 불가사리도 약점이 있답니다. 바로 훨훨 타오르는 불길이 불가사리를 녹여 없앨 수 있거든요. 그래서 전설에서는 스님이 불가사리를 불에 태워 사라지고 만답니다.

경복궁 자경전 굴뚝에는 십장생이 새겨져 있는데요, 그 아래에 불가사리도 새겨져 있답니다.

조금 전까지만 해도 멍하니 생각에 잠겨 있던 누나가 내 팔을 잡고 물었어. 나는 아까 본 것을 차근차근 말해 주었지.

내 말이 끝나자 누나가 입술을 깨물었어.

"그럼 동민 선배도 봤을 거야. 한번 물어봐야겠다."

"저한테는 못 봤다고 했어요."

"너희들은 여기 잠깐 있어. 난 뭐 좀 알아보고 올게."

누나가 말하더니 우리 곁에서 멀찌감치 떨어져 여기저기 연락하기 시작했어. 곧 누나가 흥분한 듯 소리쳤어.

누나는 한참을 씩씩거리더니 전화를 끊고 우리에게 다가왔어.

"얘들아, 알아보니 누군가 불가사리를 복제한 거 같아. 그리고 사실은 이 모든 일의 배후에는 꽝철이가 있는 거 같아."

"꽝철이가 누구예요?"

"이무기들의 대장이야! 그는 세상의 요괴를 깨워 세상을 지배할 야망을 품은 이 시대의 괴물이야."

"언니, 이제 뭘 하실 생각이에요?"

"꽝철이를 찾아갈 거야."

"꽝철이가 어디에 있는지 아세요?"

"짐작 가는 데가 있어! 꽝철이가 활동하면 불처럼 뜨거운 가스가 나와 땅이 메마르게 되거든. 그런데 얼마 전부터 장마철에도 땅이 메마르는 지역이 있다는 소문을 들었어. 그곳에 가면 꽝철이의 흔적을 찾을 수 있을 거야."

누나가 담담하게 말했어.

한국 한눈에 알아보기

한국의 대표 음식 김치

김치는 무, 배추, 오이 등의 여러 채소를 소금에 절이고 양념을 버무려 발효시킨 식품이에요. 우리나라 식탁에서는 절대 빠지지 않는 메인 음식이지요.

비타민과 무기질의 보고인 채소는 원 상태로 저장하기 어려워요. 그래서 채소를 소금에 절이거나 장, 초, 향신료 등과 섞어서 새로운 맛과 향기를 생성시키면서 저장하는 방법을 개발하게 되었지요. 이렇게 개발된 우리 고유의 식품이 바로 김치랍니다. 김치라는 이름은 원래 '지(漬)', '저(菹)'라고 하다가 조선 초기에 딤채라고 부르던 것에서 유래했어요. 조선 시대 중엽, 고추가 수입되면서 19세기에 들어서 오늘날과 같은 형태의 김치가 완성되었답니다.

김치를 만드는 김장은 유네스코 인류 무형 문화 유산 대표 목록에 등재되어 있어요.

외국인에게 사랑받는 한식

삼겹살

삼겹살은 지방의 함량이 높고 단백질이 적지만 지방의 고소한 맛과 육단백질의 구수한 맛이 조화를 이루어 사람들의 입맛을 사로잡아요. 해외에는 잘 먹지 않는 부위라 낯설 수도 있지만, 관광객들이 잊지 못하는 음식이랍니다.

떡볶이

우리나라 대표 길거리 음식 떡볶이도 외국인이 사랑하는 음식이에요. 떡볶이를 파는 가게에는 보통 순대와 어묵, 튀김을 같이 팔기 때문에 이렇게 세트로 주문해 먹는 경우가 많답니다.

치킨

치킨은 원래 우리나라 음식이 아니지만, 프라이드 치킨이 아니라 양념 치킨이 외국인들에게 인기가 많아요. 해외에는 닭고기를 굽기는 해도 튀기는 건 흔한 조리법이 아니라고 해요.

6장

이무기 꽝철이와 삼족오

꽝철이의 정체

우리는 택시를 잡아타고 꽝철이가 있을 것이라 짐작되는 지역으로 향했어. 한참을 달린 끝에 우리는 허허벌판에 도착했어. 그곳은 마치 오랫동안 가뭄이 든 것처럼 주변 땅이 바싹 마른 상태였지.

우리는 쩍쩍 갈라진 땅 위를 살피며 걸었어. 한참을 걸어가니 커다란 뱀 모양의 돌이 놓여 있는 동굴이 보였어.

동굴 가까이 다가가자, 안에서 쇠 긁는 소리가 들려왔어.

"끼익, 끼이익!"

귀청이 떨어질 것 같은 시끄러운 쇳소리에 사고가 귀를 틀어막았어.

"너희들은 여기에 있어. 내가 안에 들어가 볼게."

누나가 동굴로 들어가고 얼마 지나지 않아, 내 등 쪽에서 이상한 냄새가 나더라고. 나는 잔뜩 긴장한 표정으로 천천히 고개를 돌렸지.

맙소사! 아까 봤던 곰이랑 코끼리를 닮은 괴물이 글쎄 사고의 바짓가랑이를 깨물고 있는 거야. 사고가 외마디 비명을 질렀어.

그때 무언가 단단한 물체가 내 머리를 때리는 것 같더니 그대로 정신을 잃고 말았어. 그렇게 얼마나 지났을까?

나는 힘들게 눈을 떴지. 우리는 철창으로 만든 감옥 안에 누워 있었어. 철창 밖에서는 누군가 우리를 내려다보고 있었어.

"서, 선배 맞죠?"

누나가 기뻐서 소리쳤어. 그러자 동민 아저씨는 인상을 쓰고 누나를 노려보지 뭐야.

"순진한 거야, 멍청한 거야? 내가 아직도 네 선배로 보이냐?"

말을 마친 동민 아저씨가 자기 얼굴을 손으로 확 잡아챘어. 그러자 가면이 벗어지면서 그의 진짜 얼굴이 드러났어. 바로 이무기 요괴인 꽝철이였어.

"맙소사!"

누나가 외마디 비명을 질렀어.

"왜 이런 짓을 벌이는 거지?"

"그걸 몰라서 물어? 난 세상을 지배하기 위해 만 년 동안 도를 닦았

어. 그리고 이제 성공을 눈앞에 두고 있지."

"과연 그럴까? 내 생각에는 코앞에서 실패할 거 같은데?"

누나가 부르르 떨며 비꼬았어.

"나를 자극해서 너희들이 얻는 게 있을 거 같아? 쳇! 너희는 이곳에서 살아나갈 걱정이나 하는 게 어때?"

꽝철이가 말하고는 휘리릭 사라졌어.

그때였어. 쩍! 동굴 벽이 갈라지며 흙덩이가 떨어졌어.

"누나, 동굴이 무너지고 있어요!"

"여길 빠져나가야 해!"

누나의 말에 우리는 힘을 합쳐 쇠창살을 마구 흔들었어. 하지만 쇠창살은 꿈쩍하지 않았지.

동굴 여기저기에서 쩍 소리가 나며 뿌연 흙먼지가 일었어.

"언니, 우리 여기서 죽는 거예요?"

사고의 말에 누나가 풀이 죽은 소리로 우리에게 말했어.

"미안하다! 내 능력으로는 여길 빠져나갈 수가 없어. 너희를 이번 일에 끼어들게 하는 게 아니었는데."

누나의 말에 나도 눈물이 왈칵 났어. 이제 죽는구나 싶은 마음에 공포와 두려움이 밀려왔어.

갑자기 사고가 펑펑 울기 시작했어. 나는 애써 눈물을 참고 손수건을 꺼내 사고의 눈물을 닦아 줬어.

"부처님, 예수님, 관세음보살님! 살려 주세요! 제발 여기에서 빠져나가게 해 주세요."

나는 간절하게 빌면서 쇠창살을 힘껏 흔들었어.

그때였어. 내 손수건에서 갑자기 검은 새가 튀어나오더니 점점 커지는 게 아니겠어?

"삼족오다!"

나는 삼족오를 빤히 쳐다보았어. 이게 어떻게 된 일인지 종잡을 수가 없었지.

"어서 타! 곧 동굴이 무너질 거야!"

삼족오가 우리에게 등을 내밀었어.

쿵, 쿵! 때마침 동굴 무너지는 소리가 요란하게 들렸어. 우리 셋은 그대로 삼족오 등에 올라탔어. 삼족오는 무너지는 동굴을 뒤로하고 하늘 위로 높이 날아올랐어.

잠시 후, 삼족오가 말했어.

"내가 여의주가 있는 곳까지 데려다주마."

"왜 우리를 도와주는 거예요?"

"그건 네가 내 후손을 구해 줬기 때문이야! 삼도에 떨어진 아기 새를 네가 구해 줬잖아!"

삼족오가 말하며 내게 미소를 지었어.

그러자 날기 연습을 하다 떨어진 아기 새를 안전한 곳에 옮겨 주었던 일이 떠올랐어.

"시간이 없어! 꽝철이가 여의주를 차지하기 전에 우리가 먼저 여의주를 찾아야지."

삼족오는 제자리에서 빙글빙글 계속해서 돌았어. 우리는 어지러워서 눈을 감고 말았지. 잠시 후, 삼족오가 제자리에 멈추는가 싶더니 어디선가 향긋한 냄새가 풍겨왔어. 나는 번쩍 눈을 떴어.

"여긴 어디예요?"

"용이 사는 천상의 우물이야. 저 안에 가면 여의주가 있단다. 세상에 흩어져 있는 악의 힘을 없애는 방법은 바로 여의주의 힘을 빌리는 거야. 부디 여의주의 힘으로 세상의 악을 없애 다오."

꽝철이를 잡아라!

삼족오 덕분에 우리는 용의 우물에서 여의주를 쉽게 얻을 수 있었어.

"저 빛이 너희를 지옥의 나쁜 힘들이 모이는 곳으로 안내할 거야. 그곳에서 요괴를 만나면 여의주를 던지렴. 여의주는 딱 한 번만 쓸 수 있단다. 단번에 요괴를 모두 없애야 해."

삼족오가 신신당부를 했어.

푸른 빛이 우리를 꽝철이가 있는 동굴로 안내했어. 동굴 입구에 프라이팬과 냄비 등이 널브러져 있었지. 사고는 무기삼아 프라이팬을 하나 집어 들더라.

우리는 동굴 안으로 성큼성큼 들어갔어. 푸른빛이 환하게 우리가 가는 길을 밝혀 주었어.

얼마나 걸었을까? 어디선가 쇳소리가 들렸어. 누나가 우리에게 조용히 하라는 시늉을 했어.

동굴 한쪽에서 불가사리 몇 마리가 쇠붙이를 갉아먹고 있었어.

끼이익, 끼익! 귀청이 찢어질 것 같은 기분 나쁜 소리가 들려왔어.

"여의주를 불가사리한테 던질까요?"

"잠깐! 여의주는 한 번밖에 쓸 수 없잖아! 꽝철이와 불가사리를 한 번에 없애야 해."

우리는 꽝철이를 찾아다녔어. 꽝철이는 불가사리가 있는 맞은편 방에서 요괴를 깨우는 의식을 하고 있었어.

"꽝철이가 요괴들의 혼을 모두 흡입하게 되면 엄청난 힘을 가지게 될 거야. 어서 서두르자."

누나가 조용히 말했어.

"꽝철이한테 여의주를 던질까요?"

"아니, 불가사리도 함께 처리해야 해. 만약 불가사리만 남는다면 불가사리 역시 세상에 큰 위협이 될 거야."

"그럼 어떻게 하죠?"

내가 걱정스러운 표정으로 묻자 사고가 무심하게 툭 던지듯 말했어.

"어떻게 하긴 뭘 어떻게 해? 저들은 모두 한자리에 모이게 하면 되지."

그때 꽝철이가 불가사리에게 소리쳤어.

"조용히 좀 먹을 수 없니? 이런 중요한 순간에 시끄럽게 먹어야겠어? 너 때문에 주문을 잊어버렸잖아!"

꽝철이는 화가 났는지, 불가사리에게 뛰어가서는 불가사리가 먹고 있던 쇳덩어리를 빼앗았어.

"돼지같이 먹는 거만 밝히지 말고 중요한 의식이 끝나면 먹어! 안 그러면 네 혼도 확 먹어 치워 버린다!"

꽝철이의 말에 불가사리는 심통이 났는지 잠시 으르렁거렸어. 하지만 꽝철이가 두려웠는지 입맛만 다신 채 고개를 푹 숙였어.

그때 불현듯 멋진 생각이 떠올랐어.

"누나, 저한테 좋은 생각이 떠올랐어요. 먹을 것으로 불가사리를 꽝철이가 있는 곳으로 유인하면 될 것 같아요."

내 말에 누나가 고개를 끄덕였어.

나는 사고에게서 프라이팬을 받았어. 그러고는 프라이팬을 들고 불가사리 근처로 다가갔지.

프라이팬으로 꽝철이가 있는 곳까지 조심스럽게 불가사리를 유인할 생각이었어. 그런데 쇠붙이를 본 불가사리가 아가리를 벌리고 뾰족한 이빨을 드러낸 채 프라이팬을 향해 달려들지 뭐야?

"크릉, 크릉!"

깜짝 놀란 나는 꽝철이가 있는 방으로 프라이팬을 던졌어.

프라이팬은 제단 위에 떨어졌고, 불가사리 역시 그대로 제단으로 달려들었지.

순간, 벼락같은 소리가 들려왔어.

"이 멍청하고 난폭한 쇳덩어리야! 감히 신성한 제단을 망쳐? 넌 당분간 쇠붙이 하나도 못 먹을 줄 알아!"

꽝철이가 고함쳤지만 불가사리는 그러든지 말든지 신경도 쓰지 않고 허겁지겁 프라이팬을 먹기 시작했어.

화가 난 꽝철이가 불가사리의 입에서 프라이팬을 뺏으려 들었어. 하지만 불가사리는 프라이팬을 절대 놓지 않았지. 그 틈을 놓치지 않고 누나가 꽝철이와 불가사리에게 여의주를 던졌어.

순간, 여의주가 반으로 갈라지면서 눈이 부시게 환한 빛이 터져 나왔어. 그리고 그 빛 속에서 황금빛 용이 입을 쩍 벌리더니 활활 타오른 불을 내뿜기 시작했어. 그러자 불길이 꽝철이와 불가사리를 그대로 감싸 버렸지.

펑, 펑! 여기저기서 폭탄이 터지는 소리가 들리며 동굴이 무너져 내리기 시작했어.

"어서 도망쳐!"

누나가 소리쳤어.

우리는 출구를 향해 뛰기 시작했어.

돌덩이들이 바로 우리 뒤에서 무너져 내렸어. 금세라도 돌무더기에 깔릴 것만 같았지.

다리가 후들거려 더 이상 달릴 힘조차 없다고 느낀 순간, 나는 정신을 잃고 말았어.

에필로그

동굴에서 빠져나오다

얼마나 지났을까?

후두둑, 후두둑! 세찬 빗소리가 어렴풋이 들려왔어.

통통, 빗방울이 어딘가에 들이치는 소리에 정신이 든 나는 번쩍 눈을 떴지. 우리 세 사람은 넓은 풀밭에 누워 있었어.

"언니, 뭉치야! 우리가 살았어!"

사고가 좋아서 방방 뛰었어. 나도 동굴에서 무사히 빠져나왔다는 사실에 기뻤지.

"동굴에서 어떻게 빠져나왔지?"

누나가 고개를 갸웃거렸어.

나도 우리가 어떻게 동굴에서 빠져나왔는지 궁금했지만, 그 일은 더 생각하지 않기로 했어. 그저 나쁜 요괴를 혼내 주는 멋진 힘을 가진 누군가가 우리를 구해 주었다고 짐작할 뿐이었지.

며칠 후, 우리에게는 또다시 놀라운 일이 벌어졌어.

무슨 일인지 궁금하다고?

힌트를 하나 주자면, 그 일로 우리는 구미호나 꽝철이보다 훨씬 어마어마하고 아찔아찔하고 오싹오싹한 요괴를 만나게 되었다는 거야.

도대체 어떤 요괴냐고? 나와 함께 다음 편 이야기 속으로 살짝 들어가 볼래?

한국을 빛낸 위인들

한글을 만든 세종 대왕(1397~1450)

세종은 조선의 제 4대 왕이에요. 원래 태종의 뒤를 이을 왕세자는 양녕 대군이었어요. 그러나 양녕 대군이 세자로서의 품위를 손상시킨 행동을 여러 번 해서 아버지 태종은 그에게 다음 왕위를 물려주는 것을 탐탁하지 않았어요. 태종은 자신이 애써 이룩한 정치적 안정과 왕권을 이어받아 훌륭한 정치를 펴기에는 양녕 대군이 적절하지 못하다고 판단한 거예요. 이러한 왕의 마음을 안 신하들이 세자를 폐위할 것을 청했고, 결국 다음 왕위는 셋째 아들이었던 충녕 대군, 바로 세종이 이어받았답니다.

세종이 다스리던 조선은 우리 민족사상 가장 빛나는 시기라도 해도 과언이 아니에요. 집현전을 통해 많은 인재가 양성되었고, 농업과 과학 기술의 눈부신 발전도 이루었거든요. 장영실, 박연 등이 모두 세종과 함께 일한 학자이지요. 세종의 가장 큰 업적은 뭐니 뭐니 해도 한글 창제일 거예요. 최항, 박팽년, 신숙주, 성삼, 이선로, 이개 등 집현전 학자들의 협력을 받아 우리 민족의 문자를 '훈민정음'을 창제했지요. 이렇게 많은 업적을 이룬 왕이기에 '세종 대왕' 이라고 칭한답니다.

조선의 명장 이순신(1545~1598)

세종 대왕과 함께 대한민국 국민들이 존경하는 위인이에요. 1592년 임진왜란이 발발하자, 전라좌도 수군 절도사로 있던 이순신은 바로 출동해서 옥포와 합포, 직진포 등에서 승리를 거두어요. 사천 앞바다에서 이루어진 전투에서는 1591년에 만들었던 거북선을 처음으로 사용하여 승리하지요. 이후 1594년까지 수차례 해상 전투에서 왜구를 무찌른답니다.

그러다 1597년 선조가 이순신을 파직하면서 옥에 갇히고 말아요. 그 후 이조 판서 이항복 등의 건의로 복직되어 삼도 수군 통제사에 복직하지요. 그리고 남은 배 12척으로 명량에서 왜군이 이끄는 배 133척과 맞서 싸워 승리합니다. 이것이 그 유명한 '명량 해전'이에요. 하지만 다음해 노량 해전에서 왜구의 총탄을 맞아 전사하고 맙니다.

이순신은 임진왜란 중에 일기를 써서 당시의 상황과 심경을 세세하게 밝혀 두었는데요. 현재 이순신이 직접 쓴 초고본 여덟 권 중 일곱 권이 현충사에 비치되어 있답니다. 우리나라 국보이기도 하고, 유네스코 세계 기록 유산으로도 지정된 소중한 일기예요.

한국을 빛낸 위인들

비디오 아트의 선구자, 백남준(1932~2006)

20세기를 대표하는 세계적인 예술가 백남준. 텔레비전과 기술적 매체를 예술 작품에 통합하여 현대 예술의 발전에 기여한 인물이에요. 원래는 음악가로 활동하다가 1956년 독일로 이주하면서 예술 활동을 시작했지요. 1960년대 후반 비디오 아트의 개척자로 떠올랐으며, 텔레비전을 예술의 매체로 활용한 작업들을 선보였답니다.

주로 외국에서 활동한 백남준은 1988년 서울 올림픽을 기념한 〈다다익선〉이라는 작품으로 한국에서도 잘 알려지게 되었어요. 현재 〈다다익선〉은 국립 현대 미술관에서 소장하고 있으므로, 과천관에서 관람할 수 있답니다. 이 외에도 대전 시립 미술관, 삼성 미술관 리움, 서울 시립 미술관, 세종 문화 회관에서도 백남준의 작품을 관람할 수 있어요. 2008년에는 경기도 용인에 백남준 아트 센터가 개관했지요.

백남준이 국내외에서 높이 평가받는 이유는 첨단 미술 매체와 인간이 어떻게 공존하며 살아갈 수 있는지를 상상하고 이것을 예술로 표현했기 때문이에요. 당시 예술가들이 텔레비전 같은 매체를 '바보 상자'라 칭하며 부정적으로 바라본 것과 달리, 이것을 이용해여 새로운 예술을 선보인 것이지요.

1984년 "왜 한국 무대를 놔두고 외국 무대에서만 활동하는가?"라는 질문에 백남준은 이렇게 답했다고 해요.

"문화도 경제처럼 수입보다는 수출이 필요해요. 나는 한국의 문화를 수출하기 위해서 세상을 떠도는 문화 상인입니다."

세계적인 프리마 돈나 조수미(1962~)

조수미는 세계 5대 오페라 극장 주역이자, 세계 6대 콩쿠르에서 우승을 휩쓴 최초의 한국인 프리마 돈나(오페라에서, 제1여가수나 주역을 맡은 여가수)예요. 초등학교 때부터 신동 소리를 들어, 조수미를 가르치는 선생님마다 꼭 노래를 시켜야 한다고 당부했대요. 1981년 서울음대 성악과에 최고 점수로 수석 입학했다가 이탈리아 로마의 명문 음악 학교 산타 체칠리아 국립 음악원에 유학을 갔어요. 그리고 5년 과정을 2년 만에 졸업할 정도로 뛰어난 실력을 보여 주지요.

1986년 이탈리아 오페라 리골레토의 질다 역으로 데뷔한 후, 각국 극장에서 공연하기 시작했어요. 세계적인 지휘자 카라얀은 조수미에게 '신이 내린 목소리'라고 극찬할 정도였다고 해요. 조수미는 다른 소리가 섞이지 않도록 두성으로 소리를 내고, 완벽한 절대 음감을 지니고 있어요. 프랑스에서 데뷔했을 때는 "요정도 조수미의 노래에 귀 기울인다"라는 찬사를 받았으며, 이탈리아의 밀라노 신문은 "동양에서 온 소프라노가 서양을 가르친다"며 오페라의 혁명이라고 극찬하기도 했답니다.

"조수미의 목소리는 신이 주신 최상의 선물이다. 이는 조수미 자신에게뿐 아니라 인류의 자산이다." – 헤르베르트 폰 카라얀

OX 퀴즈

지금까지 한국 문화 탐험을 마음껏 즐겼나요? 한국에 대해 설명하고 있는 친구들의 이야기를 잘 듣고, 맞는 내용에는 O, 잘못된 내용에는 X로 표시해 보세요.

숙종 때의 인현 왕후와 장희빈,
영조 때 뒤주에 갇혀 죽임을 당한
사도 세자의 이야기와 얽힌 궁은
경복궁이야.

O X

해인사에 있는 팔만대장경은
고려 때 불경을 집대성한 것으로,
정식 명칭은 고려 대장경이야.
유네스코 세계 기록 유산이기도 하지.

O X

외국인에게 사랑받는 한식은
삼겹살, 떡볶이, 치킨 등이야.

O X

정답: 뭉치 X 사고 O 최유리 X 꽝철이 O 해태 O

연대표 완성하기

동화 속에서 삼국 시대에 대해 잘 이해했나요?
다음 연대표의 빈칸을 채워 보세요.

B.C. 57

(　)가 신라를 세웠어요.

B.C. 37

주몽이 자신의 추종자들과 함께 압록강 근처의 졸본에 고구려를 세웠어요.

B.C. 18

(　)가 백제를 세웠어요.

A.D. 246

한반도의 북쪽에 위치한 고구려가 중국 위나라의 침입을 받았어요.

A.D. 293

고구려가 선비족의 침입을 막았어요.

A.D. 427

고구려 장수왕이 수도를 (　)으로 옮겼어요.

A.D. 475

고구려가 백제의 수도인 한성을 무너뜨렸어요.

A.D. 483

고구려가 부여를 멸망시켰어요.

A.D. 13

고구려가
부여의 침입을
막았어요.

A.D. 42

(　　　)이
금관가야를
세웠어요.

A.D. 313

고구려가
낙랑군을
멸망시켰어요.

A.D. 371

백제의 근초고왕이
고구려의 평양성을
공격했어요.

A.D. 400

고구려 (　　　)이
신라에 침입한
왜나라를 물리쳤어요.

A.D. 512

신라가
우산국(울릉도)을
정복했어요.

A.D. 532

신라가
(　　　)를
멸망시켰어요.

A.D. 538

백제의 성왕이
수도를 (　　　)로
옮기고 나라 이름도
남부여로 바꾸었어요.

* 정답은 본문 64쪽에서 확인하세요.

와글와글 토론

한류 문화, 앞으로도 계속될 수 있을까?

한류는 대한민국의 수많은 대중문화 요소가 전 세계로 널리 퍼져나가 여러 해외 국가들에서 유행하게 되는 현상을 말해요. 앞으로도 이러한 한류 문화가 계속되려면 우리는 어떤 노력을 해야 할까요? 사고와 뭉치의 토론을 읽고 여러분의 생각을 말해 보세요.

토론 참가자 뭉치 사고

난 K-POP이 전 세계에서 인기를 끌고 있다는 게 너무나도 자랑스러워. 나도 우리나라를 위해 연예인이 되어야 할까 봐.

어떤 기획사가 오빠를 연예인으로 키우겠어. 일단 재능이 있어야 한다고. 어쨌든 K-POP 스타들이 우리나라에 관심을 갖게 한 건 분명해. 일종의 문화 외교관이라고 할까?

그렇지만 그들은 엄연히 개인이잖아. 국가 차원에서 한류 문화를 더 적극적으로 알려야 하는 것 아냐?

당연하지. 대중문화 중심이 일종의 한류의 마중물이 되었다면, 이제 우리나라의 전통문화나 역사 같은 것도 자연스럽게 알리면 좋을 것 같아.

요즘은 인터넷 플랫폼으로 영화나 시리즈를 전 세계 사람들이 동시에 보잖아. 우리나라만의 콘텐츠를 보여 줄 수 있는 프로그램을 많이 만들면 좋을 것 같아.

실제로 드라마나 영화, 게임 강국으로 우리나라가 많이 알려진 것 같기는 해. 맞다, 웹툰도 인기라고 하더라.

예전에는 김치나 비빔밥 같은 한식을 세계에 알리려 했다면, 요즘은 확실히 미디어 중심으로 바뀐 것 같아.

맞아. 그래서 나는 국가 차원에서 미디어 분야의 한류 문화를 더 키워 나갔으면 좋겠다는 생각이야.

내 생각에는……

교과연계표

[3학년 1학기 사회] 2. 일상에서 만나는 과거
[3학년 2학기 사회] 1. 사회 변화와 다양한 문화

[4학년 1학기 사회] 2. 우리 지역의 국가유산

[6학년 2학기 사회] 1. 세계 여러 나라의 자연과 문화